독점의 기술
Monopoly Rules

MONOPOLY RULES

먼저 찾고, 차지하고, 지켜라!

밀렌드 M. 레레 지음 | 오기영 옮김

독점의 기술

P page2

contents

PART I   독점에 대한 진실

PART II

독점의 법칙

새롭고 다양한 관점으로
독점을 논하다

1986년에 신라면이 나오기 전만 해도 라면은 매우면 안 된다는 선입견이 있었다. 당시 농심의 육개장 사발면, 삼양식품의 김치라면, 오뚜기의 열라면처럼 매운맛을 내는 라면이 있었지만 틈새시장에 불과했다. 소고기 장국의 매운맛을 구현한다는 생각으로 만든 신라면은 '깊은 맛과 매운맛이 조화를 이룬 얼큰한 라면'이라는 콘셉트로 대히트를 쳤고, 1991년 라면 시장 1위에 올라선 이후 지금까지 그 자리를 내준 적이 없다. 당시 사람들에게 매운맛 라면은 신라면 이외에 대안이 없었기 때문에 신라면은 매운맛 라면 카테고리에서 독점적 지위를 누렸다. 전성기 시절 신라면의 시장 점유율은 25%였다.

하지만 2013년 오뚜기 진라면이 맛과 품질을 개선한 제품 리뉴얼에 성공하자 신라면의 아성은 위협받기 시작했다. 오뚜기는 자극적이지 않으면서 매운맛을 내기 위해 하늘초 고추를 사용하고 국물 맛의 균형을 위해 라면수프의 소재를 다양화했다. 오뚜기는 현금을 창출하는 다양한 제품군이 있었기 때문에 진라면 가격을 신라면에 비해 100원가량 낮게 유지할 수 있었다. 이런 이유로 진라면은 소비자들 사이에서 신라면의 맛에 밀리지 않지만 가격이 저렴한 가성비 좋은 라면으로 자리매김하며 시장 점유율을 빠르게 높일 수 있었다.

아래 그래프는 지난 21년간 농심 점유율과 신라면 가격의 변화

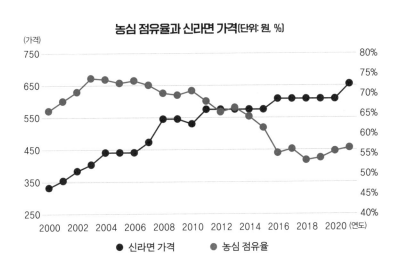

를 보여준다. 시장 점유율 70%가 유지되던 2011년까지 신라면 가격은 2000년 대비 73%나 상승하였다. 하지만 시장 점유율이 가파르게 떨어지기 시작한 2011년 이후 10년 동안 신라면 가격 상승률은 고작 14%에 불과했다. 신라면이 매운맛의 카테고리에서 독점적 지위를 가지고 있을 때는 가격을 쉽게 올릴 수 있었지만 독점의 영역이 사라지자 비용 상승분을 가격에 반영하는 데 어려움을 겪게 되었다.

한편, 1970년대 라면 시장의 최강자였던 삼양식품은 2010년대 들어 오뚜기에도 밀려 3위로 전락했고, 2016년 1분기에는 팔도에게마저 추월당해 4위로 떨어지는 수모를 겪었다. 삼양식품 영업 이익은 농심 영업 이익의 1/10에도 미치지 못했고, 삼양식품의 부활은 요원해 보였다.

하지만 2011년 초 삼양식품 경영진이 서울 명동의 매운불닭 음식점 앞을 지나다 사람들이 긴 줄을 서서 대기하는 것을 보고 라면에 적용해보자는 아이디어를 낸 불닭볶음면을 출시하며 놀라운 반전이 시작되었다. 처음에는 소수 마니아층을 겨냥한 제품으로 출시하였지만, 중독성 강한 매운맛을 원하는 소비자들의 잠재된 수요를 충족시키며 삼양식품은 자신만의 독점 영역을 만들기 시작했다. 이후 까르보불닭, 치즈불닭, 마라맛불닭 등 다양한 맛의 불닭

볶음면을 내놓으며 독점 영역을 확대해나갔고 유명 유투버 먹방의 히트에 힘입어 해외에까지 시장을 넓힌 결과, 4년 만에 영업 이익을 무려 10배나 증가시키는 놀라운 성과를 달성했다. 과거보다 위상이 많이 낮아졌지만 여전히 시장 점유율 50% 이상으로 1위를 수성하고 있던 농심의 영업 이익과 비슷한 수준까지 증가했기에 더욱 놀라운 성과였다.

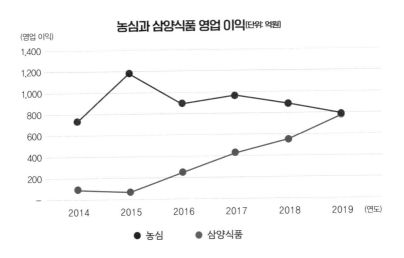

이 책에서 저자는 독점을 이렇게 설명한다. "수요는 충족되지 않았는데, 경쟁자들은 타성에 젖어 있고, 산업 역학에 따라 이런 기회를 현존 기업들이 무시하는 상황이 조합된다면 독점이 가능하다."

신라면이 나오기 전까지 매운맛을 원하는 소비자들의 요구는 있었으나 충족되지 못했고, 경쟁업체들은 이런 소비자들의 요구를 간과하고 있었다. 농심은 그사이에 놀랄 만한 사업 기회를 만들어 내, 신라면이 시장 점유율 1위에 오른 1991년부터 오뚜기 진라면이 리뉴얼된 2013년까지 무려 23년 동안 매운맛 라면 시장에서 독점적 지위를 누릴 수 있었던 것이다. 삼양식품 역시 농심과 오뚜기가 타성에 젖어 있는 동안 중독성 강한 매운맛의 영역에서 독점의 영역을 만들어냈다.

이처럼 성공한 기업들은 유형은 다를 수 있어도 크든 작든 자신만의 독점 영역을 가지고 있으며, 이들 기업들이 가지고 있는 독점은 브랜드, 네트워크 효과, 규모의 경제와 같이 널리 알려진 개념 이외에도 다양한 형태로 존재한다. 단순히 브랜드, 규모의 경제 같은 개념만으로는 농심, 오뚜기, 삼양식품이 펼치는 맛의 독점과 경쟁 구도를 설명하기 쉽지 않을 것이다. 하지만 이 책에서 설명하는 상황적 독점이라는 개념을 도입하면 라면 시장의 변화들을 비교적 쉽게 해석할 수 있다.

기업을 이해하는 데 있어 소비자의 수요와 그 수요를 차지하려는 기업들의 경쟁관계는 매우 중요하다. 다른 기업은 할 수 없는데 나는 할 수 있는 것이 독점이고 그 독점을 유지할 수 있는 이유는 다양하다. 이 책은 기존의 책들이 보여주지 못하는 새롭고 다양한 관점에서 독점을 설명하고 있다. 수익을 내는 경영 전략을 고민하는 CEO와 임원진, 스타트업 대표는 물론 투자자들에게도 훌륭한 기업을 발굴하는 데 유용한 지침을 제공한다. 나 역시 투자 경험이 부족하던 시절 기업을 분석하는 데 큰 도움을 받은 책이다. 절판되어 아쉬움이 컸었는데 재출간되어 기쁜 마음으로 추천한다.

정채진 전업투자자

시대가 변해도 변하지 않는
독점의 법칙을 찾아서

많은 사람들이 '독점'이라 하면 한 기업의 제품이나 서비스만을 어쩔 수 없이 이용해야 하는 상황을 떠올린다. 또 미디어에서 표현하는 독점 기업은 자신의 자리를 지키기 위해 혈안이 되어 있는 다소 좋지 않은 모습으로 묘사되며 이러한 오해에 기름을 붓곤 한다.

하지만 해당 기업이 제공하는 제품과 서비스가 소비자로부터 절대적인 신뢰를 얻었기에 '독점'의 위치에 올라갈 수 있었다고 생각하면 결국 독점은 그 업계에서 최고의 평가를 받는 기업만이 들을 수 있는 찬사로 보아도 무방할 것이다. 이런 찬사를 통해 이익을 극대화할 수 있기에 전 세계 여러 산업 분야에 걸쳐 있는 수

많은 기업들은 이 '독점' 지위를 차지하기 위한 치열한 경쟁을 해 왔다.

하지만 누군가는 경쟁에서 승리해 독점에 성공했지만, 누군가는 성공하지 못했다. 또 한때는 독점 기업이었지만 자신들이 가진 독점이 어디서 오는지 정확히 파악하지 못해 허무하게 그 자리를 잃은 기업들도 있다. 그 이유는 무엇일까?

시카고 경영대학원의 겸임 교수이자 전략 컨설팅 회사 SLC 컨설턴트의 이사를 역임한 밀렌드 M. 레레는 『독점의 기술』에서 여러 유수의 기업들이 독점의 지위를 차지하게 된 배경을 살펴보고 그 배경의 공통점을 파악하여 현재를 살고 있는 우리에게 '독점'에 대한 지침을 제공하고 있다. 2005년도 중순에 발간된 책이기에 지금은 삼척동자도 아는 유명 기업들이 당시에는 어떤 평가를 받고 있었는지 엿볼 수 있고, 지금 2020년대에 당시 예측대로 성장을 했는지, 아니면 다른 결과를 받아들게 되었는지를 확인하는 색다른 경험도 해볼 수 있다.

경영자 위치에 있거나 창업을 준비하는 분들에게는 경영철학을 세우는 길라잡이로, 경영과는 관련 없는 분들이라도 미국의 현대 산업사를 흥미롭게 알아볼 수 있는 교양 서적으로 이 책을 추천하고 싶다.

오기영 번역가

•일러두기
본문의 내용은 원서가 출간된 2005년을 기준으로 한다.

가장 확실한 성공 비결, 독점

옛 현인 말씀에 비즈니스란 다른 경쟁자보다 더 낮은 가격에 더 좋은 제품을 만드는 것, 꾸준한 이점을 찾아내는 것, 가까운 동네 기업부터 전 세계 기업으로부터 고객들을 끌어들이는 것이라 했다. 간단히 말해서 비즈니스는 '경쟁'인 것이다.

이런 현인들의 말씀을 뒤집고 비즈니스는 경쟁이 아니라 '독점' 이라고 하면 어떨까? 많은 사람이 놀랄 것이다. 우리는 지금부터 비즈니스의 숨은 진실, 즉 독점의 법칙을 파헤치려 한다. 독점의 법칙은 근본적인 새로운 통찰력을 제시한다. 왜 어떤 회사는 성공하고 어떤 회사는 뒤처지는지, 왜 어떤 산업 분야에서 이미 한 번 성장한 회사는 기회를 놓치는 반면 스타트업은 성과를 내며 따라잡는지, 회사의 실제 시장 가치를 결정하지만 거의 알려지지 않은 요인들은 무엇인지 알게 될 것이다.

경제학 원론에서는 아마도 독점이 부자연스러운 것, 불법적인 것, 보기 드문 것이라 가르칠 것이다. 이는 대단히 잘못된 이야기다. 놀랍게도 독점은 자연스럽고, 대개 합법적이며 흔히 볼 수 있는 것들이다.

한 가지 예를 들어보자. 일리노이 주의 에반스톤에 있는 한 멀티스크린 영화관에서는 약 950밀리리터짜리 음료수를 3.95달러에 판다. 영화관에서 파는 음료수는 저 길 아래 있는 맥도날드(McDonald's)에서 99센트에 파는 것과 동일한 상품이다. 똑같은 공급업체의 시럽으로 만들고, 동일한 종류의 용기에 담아 판매하며, 같은 도시에서 나온 물을 얼려서 만든 얼음을 넣어 시원하게 만든다. 그러면 왜 영화관에서 판매하는 콜라는 맥도날드에서 판매하는 콜라보다 네 배나 비싼 걸까?

간단하다. 영화관이 판매를 독점하고 있기 때문이다. 먹을거리나 음료는 반드시 그곳에서만 구매해야 한다. 영화를 보기로 했다면, 또 영화를 보는 2시간 동안 아무 때나 음료를 마시고 싶다면, 영화관에 있는 가게를 이용할 수밖에 없다. 영화관 경영진은 그 점을 너무나 잘 알고 독점적 지위에 알맞게 가격을 결정한다.

이런 식의 독점은 우리 주변에 수없이 많이 존재한다. 시카고 오헤어 공항에 있는 힐튼호텔(O'Hare Hilton)의 객실은 약 3.2킬로미터 떨어진 다른 호텔의 객실과 비슷하지만 훨씬 비싸다. 힐튼호텔이 시카고 오헤어 공항에서 걸어서 이동할 수 있는 거리에 위치한 유일한 숙박 시설이기 때문이다. 다른 호텔들은 최소 1.6킬로미터 이상 떨어져 있어 택시나 셔틀버스로 이동해야 하고, 그에 따르는 번거로움을 감수해야 한다. 이른 아침 비행기를 타러 오헤어 공항으로 가야 하는 출장자들에게 힐튼호텔 외에 다른 선택지는 없는 것이다.

내가 사용하는 휴렛팩커드(Hewlett-Packard) 프린터에 들어가는 잉크젯 카트리지도 독점이다. 휴렛팩커드의 정품 카트리지만 사용해야 하기 때문이다. 할리데이비슨(Harley-Davidson) 오토바이 액세서리, 못난이 양배추 인형(Cabbage Patch Kids), 마이크로소프트 (Microsoft)의 윈도우즈(Windows) 모두 마찬가지다.

우리는 보통 이런 비즈니스들을 독점이라고 생각하지 않는다. 대다수의 사람들은 '독점'이란 단어를 보고 전화 시스템이나 철도 네트워크, 지역 전력처럼 기초적이고 범용화된 서비스를 제공하는 유일한 공급처인 거대 공기업을 떠올린다. 그러나 음료 판매대나 공항 내 호텔, 그 외에 앞서 언급했던 사례들이 바로 독점이다. 고객에게 단 하나의 선택지만 있고, 업체가 제시한 가격을 지불하지 않으면 이용하지 못하기 때문이다.

이 책에서 설명하겠지만, 지속적인 성공과 큰 수익을 누리려
는 모든 회사들은 반드시 어떤 형태로든 독점 시장을 만들어야 한
다. 에반스톤의 영화관 매점이 음료수를 99센트에 판다면 훨씬 적
은 돈을 벌 것이다. 마찬가지로 오헤어 공항에서 터미널까지 가는
길에 호텔이 세 개쯤 있다면, 사제 잉크젯 카트리지를 사용해도 내
휴렛팩커드 프린터의 보증 수리에 문제가 없다면, 할리데이비슨
로고가 박힌 가죽 자켓을 아무 데서나 만들 수 있다면, 이들은 훨
씬 적은 수익을 얻었을 것이다.

사실 대부분의 성공한 기업은 어떤 종류든 독점에서 수익을 낸
다. 예전부터 성공한 비즈니스는 "강력한 브랜드 파워가 있다", "탁
월한 제품을 디자인한다", "현명한 경영진이 있다", "지속적으로
가격을 낮췄다"처럼 피상적으로 설명되었다. 하지만 기업이 소유
하는 독점이 어떤 것인지를 더 깊이 파고들다 보면 전통적인 의미
와는 전혀 다른, 훨씬 의미 있는 통찰력을 얻게 된다. 예를 들면, 아
메리칸 익스프레스(American Express)는 거대한 브랜드 파워를 가졌
지만, 그 25년 성공 역사의 배경에는 신용카드사에 대한 고리대금
업 규제를 바탕으로 탄생한 독점이 있었다.

델(Dell)은 퍼스널 컴퓨터(PC)를 만들어 파는 데 매우 효율적이
다. 그러나 이것은 다른 제조사들도 마찬가지다. 델의 독특한 성공

비결은 10년간 고객 주문에 따라 PC를 만들어 파는 유일한 회사로서 독점을 누려온 데 있다.

엔터프라이즈 렌트-어-카(Enterprise rent-A-car)는 다른 회사들과 마찬가지로 관리가 잘된 차량을 적당한 가격에 제공하는 렌트카 회사였다. 그러나 독점을 확보함으로써 북미 지역에서 가장 거대한 렌트카 회사가 되었다. 여행 목적이 아닌 차량을 렌트해주는 유일한 회사였던 것이다.

이처럼 새로운 관점은 회사의 번영과 전략에 대한 매우 다른 방식의 아이디어를 제공한다. 가장 중요한 것은 수단보다 목적에 초점을 맞추는 일이다. 회사 수익을 고민하는 리더라면 제품 개발, 재정, 마케팅, 판매 등의 전략에 집중하기보다는 "우리 회사는 어떤 형태의 독점을 보유할 수 있는가?"라는 근본적인 질문을 해야 한다. 앞서 언급한 전략들이 가치가 있을지 모르지만, 진짜 목표를 달성하기 위한 유일한 수단은 회사의 수익성을 보장하는 독점을 보유하는 것이다.

독점의 중요성에 대한 인식은 특히나 오늘날에는 필수라 하겠다. 새천년으로 넘어오면서 우리가 봤던 몇 가지 트렌드를 생각해보자. 북미 PC 판매량은 평행선을 달렸고, 음악 CD 판매는 20%나 떨어졌다. 두 곳의 거대 항공사가 파산 신청을 했으며 어려움을 겪는 소매상들이 많아졌다. 컴퓨터 기술자들이 마치 재난 지역에서 대피하듯 실리콘밸리를 떠나기 시작했고, 미국 제조업에서 수백, 수천 개의 일자리가 사라졌다.

이런 경향의 원인을 인터넷 불법 다운로드, 주식 시장의 버블 붕괴, 테러, 장기화된 경제 침체 등의 탓으로 돌릴 수는 없다. 이런 변화들은 산업혁명 이후로 국제 상업 질서에 몰아닥친 가장 광범위하고 충격적인 변화의 조짐으로, '신경쟁'이라는 시대로 우리를 안내하는 것이다.

신경쟁 시대에서는 천연자원, 규제, 담합, 특허 기술과 같은 구시대적 독점의 원천들이 그 효과를 빠르게 잃게 된다. 대부분의 천연자원 독점은 이미 누군가 차지한 상태다. 각국 정부는 규제를 철폐하고, 새롭고 통제되는 독점도 제공하지 않는다. 담합은 사실상 불가능해졌고 불법이 되었다. 특허 기술은 유출되거나, 복제되거나, 아니면 더 새로운 기술로 그 어느 때보다 빠르게 대체되고 있다. 신경쟁 시대는 구시대의 독점에서 나오는 이익을 가차없이 줄이고 있다.

이런 환경에서 독점을 이해하는 것은 유용함을 넘어 필수다. 자신의 비즈니스에서 독점을 알아내고, 이용하고, 번성시키고, 보호하는 방법을 안다면 가까운 미래에 큰 수익을 올릴 기회가 생길 것이다. 그렇지 않으면 아마도 조만간 누군가의 먹잇감이 될 것이다.

물론 좋은 소식도 있다. 신경쟁이 예전의 독점을 파괴하는 순간, 새로운 독점의 기회도 함께 생겨난다는 사실이다. 이미 숙성된, 성장이 더디고 수익 폭이 극히 좁은 산업에서 잠재된 새로운 독점 시장이 형성되는 경우가 많다. 이런 기회를 활용하기 위해 독특한 제품이나 기술이 필요하지는 않다. 규모, 범위, 경험곡선에 바탕한 관례적 이점 또한 필요 없다. 필요한 것은 시야(vision)와 창의력(imagination)이다. 소비자가 필요한 것이 무엇인지, 산업이 변하면서 독점이 어떻게 나타날지 예상하는 비전과 경쟁에서 유리한 위치를 차지해 유지하는 가장 좋은 방법을 알아내는 창의력 말이다.

본 저서는 내일의 독점을 얻기 위해 필요한 시야와 창의력 개발을 위한 시작 도구가 될 것이다.

PART I

독점이 무엇인지, 어떻게 생성되는지, 어떻게 작동하는지, 비즈니스 경쟁에서 어떤 영향을 끼치는지 당신이 이미 알고 있다고 생각할지 모른다. 하지만 독점에 대한 기존 생각은 대부분 틀릴 가능성이 매우 높다. PART I에서는 독점의 진짜 모습을 설명하고, 경제학 원론에서 배우는 독점의 개념이 위험하고 지나치게 단순화되어 있다는 사실을 알려줄 것이다. 또한 오늘날 빠르게 변해가는 비즈니스 세상에서 독점이 끼치는 막대한 영향들을 여러 예시를 통해 살펴볼 것이다.

MONOPOLY RULES

독점에 대한 진실

MONOPOLY

1
내 구역에
들어오지 마시오

혼다의 미니밴 독점

2002년 가을, 아내 블레어와 미니밴을 사러 집을 나섰다. 가장 먼저 들른 곳은 우리 동네 혼다(Honda) 매장이었는데 거기서 가장 인기가 좋다는 오디세이(Odyssey)를 봤다. 전시 모델을 보고 있는 우리에게 영업사원이 다가와서 말을 건넸다.

"안녕하세요. 저는 아니라고 합니다. 무엇을 도와드릴까요?"

"이 차 트렁크가 너무 좁네요. 짐을 많이 실을 때도 있는데, 그 짐들을 다 어디에 두어야 할지 모를 정도예요." 아내가 말하자 아니가 미소를 지으며 말했다.

"제가 이 밴에서 가장 뛰어난 기능을 보여드릴게요." 아니는 트렁크 문을 열고 레버를 당긴 다음, 3열 시트라인 뒤쪽에 붙어 있던 줄을 잡아당겼다. 몇 초 만에 3열 시트가 내려가더니 트렁크 바닥에 딱 맞게 평평하게 접혔고, 접힌 자리에는 널찍한 카페트가 깔린 짐칸이 생겼다.

"이 뒷좌석을 눌러 접기만 하면 원하는 만큼 짐을 실을 수 있습니다. 저도 오디세이를 타는데, 며칠 전에 샘스 클럽에서 판매하는 커피 테이블과 의자 네 개를 실어서 집으로 가져갔어요." 아내와 나는 감탄하며 지금 사면 언제쯤 받을 수 있는지 물어봤다.

"대기자 리스트에 올려드리겠습니다. 8주 정도 기다리셔야 합니다." 아내와 나는 너무 놀라, 대기 기간이 기니 중고차를 사는 건 어떻겠냐고 했다. 아니는 오디세이 중고차는 언제 봤는지 기억도 안 날 정도고, 사람들이 팔려고 내놓지도 않는다고 했다. 8주나 대기해야 하는 상황이 마음에 안 들어서 우리는 매장을 나왔다. 그리고 또 다른 인기 미니밴인 시에나(Sienna)를 구경하러 도요타(Toyota) 매장으로 향했다. 그곳에서는 도나라는 친근한 여성 딜러가 메탈그레이 색상의 시에나를 보여주었다.

"바닥 매트, 뒷좌석 에어컨, 자동주행 장치를 보세요. 혹시 색상이 마음에 들지 않으신다면 다른 색상도 보여드릴 수 있습니다."

아내가 운전석에 앉아 여기저기를 둘러봤다. 차가 마음에 드는 듯했다.

"그런데 트렁크는 얼마나 넓은가요? 어린아이가 셋이 있고, 싣고 다녀야 할 장비들이 많거든요."

"걱정하지 마세요. 이 차는 같은 크기의 밴 중에서 가장 큰 트렁크를 가지고 있습니다. 여기를 보세요." 슬쩍 안을 들여다보고 아내가 말했다. "방금 보고 온 오디세이보다 커 보이지 않는데요."

도나가 재빨리 대답했다. "더 넓은 공간을 원하시면 뒷좌석을 빼내면 됩니다. 그럼 짐칸이 두 배로 커져요. 보여드릴게요." 그러면서 여러 가지 손잡이와 레버들을 잡아당기기 시작했다.

"잠깐만요! 뒷좌석이 접히지 않는다는 건가요?" 아내가 물었다.

"네, 접히지는 않아요. 대신 좌석을 떼어내기만 하면 훌륭하고 넓은 짐칸을 확보할 수 있어요."

눈살을 찌푸린 아내가 질문했다. "그럼 제가 홈디포(Home Depot)나 창고세일 가게에서 정말로 사고 싶은 것을 발견하면 어떻게 해요? 길가에 저 좌석들을 두고 갈 수는 없잖아요."

그걸로 대화가 끝났다. 우리는 혼다 매장으로 돌아가서 오디세이를 계약했다. 석 달 가까이 기다려야 했지만 말이다. 나는 이 모든 일이 상당히 흥미로웠다. 혼다는 고객들이 필요로 하는 것을 제대로 파악했다. 혼다는 오디세이를 빨리 만들어내지 못했지만 그 인기는 최고였다. 대기자 리스트에 이름을 올리는 데 1000달러 이상의 비용을 청구하는 딜러들도 많았다. 도요타나 다른 자동차 회사들은 무엇이 문제였을까? 왜 뒷좌석이 평평하게 접히는 미니밴을 만들지 않는 것일까?

계약했던 미니밴이 도착하고 일주일이 지난 후, 나는 마침내 혼다의 독특한 비밀을 알게 되었다. 마케팅 세미나에서 강의하다가 미니밴을 구매하며 겪었던 일을 얘기했는데, 유명 자동차 제조사의 프로덕트 엔지니어링 관리자인 빌 스토웰이 손을 들고 말했다.

"사실 그건 별로 신기한 일은 아니에요. 문제는 미니밴의 트렁크 바닥을 만드는 데 사용하는 금형이에요. 그 금형은 정말로 비싼데다가 18개월 혹은 그 전에 미리 주문해야 합니다."

"알겠습니다. 그런데 더 많은 고객이 원하는 제품을 만들기 위해서 돈을 투자하는 것은 충분히 가치 있지 않나요?" 내가 묻자 빌이 대답했다.

"물론이죠. 하지만 그건 시작에 불과합니다. 한 세트로 된 금형을 새로운 세트로 바꾸는 데는 더 많은 비용이 들어갑니다. 그렇게 하려면 일주일 이상 제품 생산을 멈춰야 하기 때문이죠. 자동차 회사가 신형 모델을 발표할 때까지 큰 변화를 보류하는 이유는 바로 이것 때문이에요."

"그럼 신형 모델은 언제 나오나요?"

"보통 4년에 한 번이요."

갑자기 혼다의 장점이 매우 선명해졌다. 혼다는 오디세이의 뒷좌석이 접히는 기능을 1999년 말에 도입했다. 신제품 교체 주기가 4년이라는 것을 감안하면 다른 제조업체들은 아무리 빨라도 2004년이 되어야 이 기능을 탑재할 수 있는 것이다. 실제로 닛산(Nissan)은 2004년에 3열 좌석 폴딩 기능이 들어간 신형 미니밴 퀘스트(Quest)를 선보였다. 포드(Ford)는 한 걸음 더 나아가 뒷자리 두 개의 열이 모두 접히는 기능을 넣었다. 그러니까 2004년까지는 혼다가 상당히 바람직한 기능을 가진 미니밴을 제공하는 유일한 업체가 되었던 셈이다.

혼다가 이 시장을 독점한 것이다! 결국 1999년부터 2004년까지 5년 동안 혼다는 미국 미니밴 시장 점유율이 10% 미만인 상태에서 미니밴 시장 전체 이익의 1/3을 차지했다.

소유할 만한 가치가 있는 영역을 오랫동안 지배하라!

내가 이해하는 독점은 간단히 말해 회사나 비즈니스가 '소유할 만한 영역'을 '충분한 기간' 동안 지배하는 것이다. 회사는 돈을 벌 수 있을 만큼 충분히 오랫동안 고객층, 제품의 특징, 기타 매력적인 특성을 소유하고 독점적으로 통제해야 한다.

독점의 사전적 정의를 확인해보자. '독점(Monopoly)'이란 그리스어 Monopolion에서 파생된 단어다. Mono-는 '유일한'이라는 뜻이고, Plein은 '팔다'는 뜻이다. 따라서 Monopoly란 특정 장소나 특정 시기에 제품이나 서비스를 파는 유일한 판매처라는 의미다.

독점이 의미 있는 것이 되려면 영역은 반드시 '소유할 만한' 것이어야 한다. 즉, 영역을 통제·관리할 수 있고 수익성도 있어야 한다는 것이다. 무엇인가에 만족하지 못해서 그 욕구를 충족시키기 위해 기꺼이 돈을 쓰는 고객들이 충분히 많아야 한다. 고객의 수가 계속 늘어나고 수요가 꾸준히 이어지는 것이 가장 이상적이다. 술을 절대 마시지 않는 사람들로만 가득 찬 동네에 있는 유일한 술집은 통제할 수 있지만 수익을 낼 수는 없으므로 소유할 만한 가치가 없다. 반대로, 시카고 명소인 러쉬 스트리트에 늘어선 비슷비슷한 술집들은 소유할 만한 영역을 통제하지 못한다. 러쉬 스트리트 자체를 소유할 수는 없기 때문이다.

또한 독점을 위해서는 높은 수익을 낼 수 있을 만큼 충분히 오래 소유해야 한다. 한 자리에서 유일한 판매자가 되었을 때 '충분한 기간'이 투자금을 회수하고도 이익을 남길 수 있을 정도로 길어야 한다. 고객의 요구 사항을 위해 투자를 하면 할수록 '충분한 기간'은 길어진다. 커다란 공장을 세우고 1억 달러를 연구 개발에 투자하거나 대대적인 제품 디자인을 다시 한다면, '충분한 기간'이 몇 년이 될 수도 있다. 반면, 패션 디자이너가 새로운 디자인에 투자한 것을 회수하는 것은 한 계절 정도만 필요할 것이다.

혼다의 오디세이 미니밴 독점은 위에서 설명한 두 가지 조건을 모두 충족한다. 혼다의 '소유할 만한 영역'은 아이들이 있고, 적당한 크기의 짐칸을 필요로 하며, 몇 달이고 기다려 줄 수 있는 미니밴 구매자층으로, 이들의 규모는 거대했다. 수백만 명의 엑스 세대들이 독립하고, 아이를 키우며 집에 가구를 들였다. 한 대는 아이들을 태우고 다른 한 대는 물건을 실어나를 수 있는 대형차 두 대가 있으면 좋겠지만, 이들 중 상당수는 그럴 만한 경제적 여유가 없었다. 이런 사람들에게 혼다 오디세이는 그야말로 완벽한 차량이었다.

디자인 덕인지 아니면 행운이 따랐는지 모르겠지만, 1999년에 이런 기능을 도입한 혼다의 결정은 5년이라는 '충분한 기간'을 가질 수 있었다. 포드와 제너럴 모터스(GM), 크라이슬러(Chrysler) 모두가 2000년에 새 모델을 출시했지만, 디자인은 1999년형과 다르지 않아 뒷좌석이 접히는 기능이 없었다. 디자인을 바꾸고 싶어 했더라도 뒷좌석이 접히는 기본적인 설계를 변경할 수는 없었다. 만약, 혼다가 이런 기능을 1998년에 선보였다면 다른 자동차 회사들이 그 기능을 재빨리 베껴갔을 것이고, 그렇게 되었다면 혼다의 독점 기간도 1년 정도로 크게 줄었을 것이다.

결과적으로 혼다는 미니밴 시장에서 수익성이 높은 작은 독점을 누릴 수 있었다. 수익은 얼마나 됐을까? 혼다가 5년 동안 매년 평균 12만 대의 미니밴을 팔았다고 생각해보자. 혼다는 인센티브(세전 할인)나 리베이트(세후 현금 환불)로 생기는 적자 단 한 푼 없이 정가 그대로를 받을 수 있었다. 반면에 경쟁업체들은 미니밴 1대당 2500달러까지 할인 혜택을 제공했다. 혼다 오디세이가 약 1500달러 비쌌던 사실을 추가하면, 혼다는 다른 경쟁사보다 대당 약 4000달러 이상을 더 벌어들인 것이다(경쟁사는 대당 약 1000달러의 수익을 올렸다). 여기에 오디세이 판매량 60만 대를 곱하면, 혼다는 미니밴 시장에서만 24억 달러 이상의 추가 수익을 올린 셈이다. 뒷좌석이 완전하게 접히는 기능 치고는 정말 상당한 수익이다!

독점의 기술 1

특정 시기에 제품과 서비스를 파는 유일한 판매처가 되어라.

2

독점의 두 가지 측면

소유할 만한 영역

독점에는 두 가지 측면이 있다. 영역과 시간이다. 독점이란 무엇이고 독점이 어떻게 만들어지는지 제대로 이해하고자 한다면, 독점이 지배하는 영역이 무엇이고 독점 기간이 얼마나 오래가는지 알아야 한다.

소유할 만한 영역은 다양한 방식으로 정의하고 알아볼 수 있다. 이때는 다음 여러 질문을 기준으로 삼는다. 영역이라는 것이 형태가 있고 눈에 보이는가? 아니면, 고객들 마음이나 수요에 숨어 있는 무형인가? 이 영역은 어떻게 생겨나고 무엇이 만들어내는가? 왜 어떤 회사는 그 영역을 보고 어떤 회사는 못 보는가? 그 영역은 얼마나 큰가? 성장하는 것인가? 얼마나 수익을 낼 수 있는가?

소유할 만한 영역을 몸소 생생히 느껴보고 싶다면, 대형 슈퍼마켓 아무 데나 가서 수프 코너를 돌아보라. 수프 코너에 가면 백 년 전통의 캠벨(Campbell) 마크가 붙은 빨간색과 흰색 포장의 통조림들이 줄지어 진열돼 있을 것이다. 물론 옆 선반에는 파란색의 프로그레소(Progresso) 통조림도 있고 팩 포장이 된 분말형 수프 믹스도 있지만, 그 구역은 실로 '캠벨 세상'이다.

각자의 상품 구역의 진열대 공간을 '소유'하는 회사들은 많다. 크라프트(Kraft)는 수십 년간 미국 슈퍼마켓의 유제품 진열대를 소유했고, 놀랍게도 유제품 코너에 있는 치즈와 치즈 관련 상품들은 모두 크라프트에서 만든 것이었다. 코닥(Kodak)도 이와 비슷하다. 코닥이 골목 사진관과 동네 슈퍼에서 필름 진열대를 소유하자, 이런 매장들에서 파는 필름은 사실상 코닥 제품만 남게 되었다. 델 컴퓨터는 10년 이상을 전화나 인터넷 주문으로 기업 고객에 직접 PC를 파는 영역을 소유했다.

지리적 위치도 또 다른 형태의 소유할 만한 영역이 된다. 맨해튼이나 몽골에 있는 코카콜라(Coca Cola) 가맹점은 이 정의에 가장 잘 맞는 사례다. 몽골보다 맨해튼에 더 많은 소비자들이 있지만, 두 곳 모두 독점이다. 몽골이든 맨해튼이든 코카콜라를 사고 싶다면 그 독점 판매사를 가야 하고, 그렇지 않으면 살 수 없다.

또 다른 독점의 영역의 형태로 제품이나 서비스의 독특함이 있다. 약 20년 동안 독일과 미국에서 '경제적인 자동차'의 대명사는 폭스바겐(Volkswagen)의 '비틀(Beetle)'이었다. 반면에, 프랑스에서는 시트로엥(Citroën)의 되 슈보(Deux Chevaux) 모델이 그랬다. 비틀이나 되 슈보 모두 독특한 디자인이 덕에 믿을 만한 이동 수단에 기본적 가치를 두는 차량 구매자들에게는 독점이나 다름없었다.

페더럴 익스프레스(Federal Express)(이하 페덱스)는 1973년 창립부터 1982년까지 익일 포장 배송이라는 영역을 독점했다. 1982년에는 UPS가 '넥스트 데이 에어(Next Day Air)'* 서비스를 시작하며 시장 일부를 가져갔지만, 오늘날 아직까지도 사람들은 익일 배송을 언급할 때 "페덱스로 보낼게"라고 한다. 페덱스는 '익일'을 의미하는 반면, UPS는 '며칠 안으로'를 뜻한다.

독점 영역을 정할 수 있는 또 다른 것이 있다. 바로 가격이다. 소매 시장에서 월마트는 저가 상품 시장을 독점했고 "언제나 저렴한 가격"이라는 구호로 계속해서 그 위치를 공고히 한다. 항공 서비스 산업에서 사우스웨스트 항공(Southwest Airline)은 저가 항공 시

---

* 물품을 접수한 다음 날 배송해주는 서비스를 말한다. _옮긴이

장을 소유한다. 이와 반대로, 롤스로이스(Rolls-Royce)는 자동차 시장에서 고가 자동차 시장을 소유하고 있다.

지금까지 설명했던 이 모든 사례들은 어느 정도 유형으로 볼 수 있는 영역들이다. 그러나 또 어떤 사례를 보면 독점 영역이 무형일 때도 있다. 이런 영역은 수프 코너에서 켐벨 수프로 확인하는 식으로는 알 수가 없다. 무형의 독점 대상은 물리적으로 위치해 있거나 정해진 구체적 특성이 있다기보다는 심리나 감정 상태로 소비자의 생각이나 마음속에 존재한다.

어떤 무형의 독점 영역은 관습과 전통에 기반을 두고 있다. 보통 기업이 제공하는 제품이나 서비스가 오랫동안 높은 시장 점유율을 차지하면, 그 기업 브랜드가 그 제품이나 서비스 자체로 인식된다. 그러면 특정 고객층을 소유할 수 있다. 예를 들어, S&P는 금융 정보 제공업체로서 오랜 전통을 보유하고 있기에 채권 구매자들은 자동으로 S&P의 평가에 관심을 두게 된다. 아는 것이 많은 뮤추얼 펀드 구매자들은 모닝스타(Morningstar)가 자신들이 구매를 고려하는 펀드 상품에 대해 어떤 평가를 내리는지 알고 싶어 하는 반면, 일반 구매자들은 자동차, 가정용품, 제초기 등을 살 때 컨슈머스 유니온(Consumers Union)의 평가에 의존한다.

다른 무형의 독점 영역은 감정의 개입이다. 애플(Apple) 컴퓨터, 할리데이비슨, 포르쉐(Porsche), 그레이트풀 데드(Grateful Dead)

와 같은 브랜드는 마음속에 다른 경쟁사 제품을 담아두지 않는 충성 고객들을 끌어들인다. 애플 마니아들은 윈도우즈 기반의 컴퓨터를 사용하면 본인 스스로가 수준이 낮아졌다고 느낀다고 한다. HOG(할리데이비슨 사용자 그룹) 멤버십을 지닌 사람들은 원하는 오토바이나 액세서리를 사기 위해 몇 달이고 기다린다.

최근 몇 년간, 유형의 영역을 차지하는 독점은 점점 더 많은 압박을 받고 있다. 유형의 독점에서는 더 이상 예전과 같은 수익이나 판매 실적이 나지 않는다. 동시에 무형의 영역을 차지하는 독점은 더 오래 지속되고 더 많은 수익을 내고 있다.

이유는 간단하다. 경쟁자가 소유할 수 있는 영역이 무엇인지 알 수 있으면, 그 시장에 침투할 방법을 찾을 수 있기 때문이다.

그래서 포드는 뒷좌석 두 열을 접을 수 있는 미니밴을 설계했고, 후지(Fuji)는 월그린(Walgreens)과 협업해서 자신만의 독점 영역을 만들어 사진 필름 브랜드의 경쟁력을 높였다. 또 타겟(Target)은 남의 고객을 끌어들이기 위해 판매하는 전자제품의 가격을 낮추었다. 오늘날처럼 치열한 경쟁 환경에서는 사실 공급업체, 영업망, 고객을 통해 누군가가 자신의 디자인을 모방하고, 기술을 베끼며, 모조품을 만들고, 심지어 제품의 가격까지 깎을 수 있다.

반면에 독점 영역이 무형이면 침투하기가 훨씬 어려워진다. 할리데이비슨이나 애플 컴퓨터, S&P가 차지한 시장에 비집고 들어갈 수 있을까? 그 고객들의 머릿속으로 들어가서 생각을 바꿀 수 있을까? 더 나은 제품을 만들고, 광고 비용은 늘리고, 가격은 낮추며 색다른 영업망을 이용해야 할까? 이런 경우엔 어디서부터 시작해야 할지 감을 잡기도 어렵다.

거물들이 간과하는 독점 영역

가끔 다른 회사들은 무심코 지나칠 수 있는 잠재적 독점 영역이 있는데, 이를 알아볼 수 있으려면 비범한 통찰력이 필요하다.

1998년 6월의 어느 날 아침, 나는 뉴욕의 JFK 공항에 갔다. 상당히 오랜만에 간 것이었는데 보통은 라과디아나 허드슨 강 건너편의 뉴왁 공항으로 가기 때문이다.

거기서 나는 그 거대 시설물이 사실상 방치되어 있는 것을 보고 충격을 받았다. 이착륙을 하는 비행기가 거의 없었고, 승객도 없었으며, 바삐 움직이는 택시도 방문객도 없었다. 라과디아나 뉴왁에서 항상 볼 수 있는 왁자지껄 떠드는 사람들도 교통 혼잡도 눈에 띄지 않았다. 표를 판매하는 카운터 여직원은 손님 응대를 하지 않고 남자친구와 전화로 수다를 떨고 있었고, 홀로 근무 중인 공항 경비원은《데일리 뉴스(Daily News)》의 스포츠 섹션을 보고 있었다.

당황한 나는 경비원에게 다가갔다. "이게 무슨 일인가요? JFK

가 왜 이리 한산한 거죠?"

경비원이 어깨를 으쓱하며 말하길 "보통 이래요. 이른 아침에 한국과 일본행 비행기가 떠나고 나면 이곳은 폐쇄됩니다. 오후 3시 이후에 대서양 방향으로 가는 환승기가 도착하면 다시 열리죠. 몇 기의 통근용 항공편만 있을 뿐이에요. 한두 기 정도? 대체적으로 너무 따분한 곳이에요." 말을 마친 후 그는 태연히 다시 신문을 보기 시작했다.

친구이자 항공 산업 전문가인 브라이언 피셔에게 이 일에 대해 이야기했다. "이상하긴 하네." 그는 일단 맞장구를 치더니 말을 이었다. "근데 그럴 만한 이유가 있어. JFK는 국제 항공편으로 먹고 사는 곳이란 말이지. 보통 오후 시간인 3시에서 밤 12시 사이에 항공편들이 있어. JFK를 메인 공항으로 삼는 항공기는 팬암(Pan Am)과 트랜스월드(TWA)뿐이었어. 이들은 국제선 연결을 목적으로 운행했고 국내선으로 기능하지 않았어. 물론 팬암이나 트랜스월드나 지금은 없어졌지만. 유나이티드(United)나 아메리칸(American), 델타(Delta), 컨티넨탈(Continental), 노스웨스트(Northwest) 같은 메이저 항공사들은 JFK에서 항공기를 그리 많이 운영하지 않아. 다른 메인 공항에서 승객들을 직접 태울 수 있는데 굳이 그럴 이유가 없거든."

"그러면 사실상 JFK는 반나절 정도는 비어 있는 거네?" 내가 질문했다.

"공항 크기를 생각하면 그 점이 이상하긴 하지. 특히나 라과디아와 뉴왁이 사람들로 터져 나가서 항공사들이 착륙지 하나라도 확보하려고 난리인데."

"그러면 왜 항공사들이 JFK를 메인 공항으로 삼지 않는 걸까?"

"라과디아나 뉴왁보다 중심가에서 훨씬 머니까 그렇지. 아주 고역이라고. 택시 기사들도 JFK 가는 걸 싫어해. 리무진 버스는 엄청나게 비싸고, 가장 가까운 지하철역이라 봐야 터미널에서 2.4킬로미터나 떨어져 있어."*

사실 뉴욕에 사는 대부분의 사람들은 JFK 공항을 잊고 있었다. 아일랜드에서 할머니가 오셨을 때 마중을 나가는 장소, 혹은 잉글랜드, 이스라엘, 인도 등으로 친척들이 떠날 때 배웅하는 장소로 생각한다. 마이애미로 바캉스를 떠날 때 이용할 수 있는 곳인지는 꿈에도 모를 것이다.

브라이언의 말이 맞았다. 제트블루(JetBlue)가 나타나기 전까지는 말이다.

2000년 2월, 데이비드 닐먼(David Neeleman)이라는 사업가가 제트블루 항공사를 창립했다. 이 회사는 JFK를 수십만 명의 뉴욕 사

---

* 필자가 브라이언과 이 이야기를 할 당시에는 JFK행 기차편이 없었다.

람들이 국내 항공편 서비스를 저렴하게 이용할 수 있는 곳으로 탈 바꿈시켰다. 그 항공편들은 플로리다, 웨스트 코스트, 카리브 해 안, 그 외 기타 여러 목적지로 간다. 제트블루는 5년도 채 안 돼서 6000명 이상의 직원을 거느리고, 에어버스 A320 68대를 보유하게 되었다. 또한 1년에 7만 회의 비행을 하며 거의 10억 달러를 벌어들이는(2003년도 말 취합 기준) 초대형 저가 항공사로 성장했다. 더 나아가, 대다수의 항공사들이 계속되는 손실로 압박을 받으며 휘청거리고 있는 시기에도 제트블루는 1억 6800만 달러 규모의 수익을 내고 있다.

JFK는 제트블루가 저가 항공 서비스를 시작할 수 있는 완벽한 장소였다. JFK는 뉴욕 시, 웨스트체스터 군, 코네티컷 주 인구 합계의 절반인 1000만 명 이상의 사람들이 이용할 수 있는 위치에 있다. 이 사람들은 평균 이상의 벌이를 하고 있고 정기적으로 플로리다 주에 있는 친척을 방문하거나 카리브 해안이나 캘리포니아 주로 휴가를 떠나는 경우가 많다. 그런데 여기에 최신 시설은 갖춰졌지만 잘 사용하지 않는 공항이 있고, 사람들에게 매일 공항을 이용해달라고 거의 간청하다시피 하는 공항 경영진도 있다.

"나쁠 게 있나?" 아마 뉴욕에 사는 사람이면 이렇게 생각할 것이다. 경쟁이 있지 않을까 걱정한다면, 이렇게 대답하겠다. "아이고, 퍽이나!"

주요 항공사들은 메인 공항으로서 라과디아와 뉴왁에 큰 투자를 했고, 제트블루는 이 사실을 알고 있었다. 따라서 주요 항공사들이 자기네 같은 저가 항공사와 상대하려고 항공편을 JFK로 돌릴 가능성은 별로 없었다.

제트블루에는 뉴욕 사람들(택시 기사들 포함)의 발걸음을 JKF 공항으로 돌리도록 하는 것만이 관건이었다. 해결 방법은 장시간 택시를 타는 것보다 저렴한 이용료로 시작하는 것이었다. 그 후에 제트블루는 가죽 시트나 음악, 주문형 비디오 시스템을 제공했다. 결과는 유일무이한 가치의 결합으로 나타났다. 미국 최대 인구 도시 한가운데에 위치한 대형 공항에서 할인된 가격의 항공 서비스를 제공하는 유일한 회사의 탄생이었다. 제트블루는 큰 수익을 남기는 독점 영역을 소유하게 되었다.

이 책 후반에, 독점 영역의 종류에 대해 더욱 자세하게 설명할 것이다. 또한 그런 대상을 알아낸 다음, 잡은 기회를 이용하고 지키며 확장하는 방법에 대해서도 알아볼 것이다.

충분한 독점 기간

이제 독점의 두 번째 측면을 살펴보자. 바로 시간이다.

'충분한 독점 기간'의 길이는 다양하다. 어떤 경우에는 며칠 혹은 몇 주만 갈 수 있고, 다른 경우에는 몇 년 혹은 몇십 년간 이어질 수도 있다. 분명한 것은 독점 기간이 길어지면 길어질수록 더 좋은 독점이라는 사실이다. 즉, 더욱 가치가 있는 것이다.

독점을 이해하려면 독점 기간에 대한 다음 질문들에 답할 수 있어야 한다. 독점 기간의 비결은 무엇인가? 다시 말해, 경쟁자들이 그 영역을 두고 경쟁할 수 없는 이유는 무엇인가? 어떻게 경쟁자들을 계속 밀어낼 수 있는가? 기업이 그런 자리를 얼마나 오래 차지할 수 있는가? 그 독점 기간은 얼마나 지속될 것인가? 그 기간은 늘어날 수 있는가?

여성 패션은 현재 놀라운 속도로, 단 몇 주 만에 모방되고 있다. 밀라노, 파리, 뉴욕에서 이번 시즌에 독특한 녹색 색조가 유행한다면, 그 시즌이 끝나기도 전에 바나나 리퍼블릭(Banana Republic), H&M, 자라(Zara) 판매대에 비슷한 색깔의 스커트와 블라우스가 깔린다. PC업계도 마찬가지다. 소니(Sony)가 맵시 있는 노트북 컴퓨터를 만들고, 그게 잘 팔린다면? 곧 도시바(Toshiba), 에이서(Acer), 델 등 여러 컴퓨터 제조업체가 동일한 모양의 노트북을 비슷한 성능과 색깔로 만들어 판다.

이런 산업 브랜드에서는 주로 디자인이 중요하다. 이들은 동일한 공급업체에서 물건을 사서 똑같은 바이어에게 파는데, 그러다 보면 특정 디자인이 조금이라도 더 관심을 받게 된다. 만일 폴로

(Polo)가 분홍색 셔츠로, 소니가 얇은 노트북으로 소유할 만한 영역을 찾는다면, 메이시스(Macy's)와 서킷 시티(Circuit City)*가 라코스테(Lacoste)나 도시바(Toshiba)에 "왜 당신네는 분홍색 셔츠나 얇은 노트북을 안 파는 거요?"라고 물을 것이다. 그러면 라코스테와 도시바는 사방팔방 다니며 폴로와 소니에 분홍색 셔츠와 얇은 노트북을 공급해주는 곳을 찾아 구매를 하거나, 재빨리 유사품을 만들어내는 누군가를 찾을 것이다.

모방 자체가 어렵거나 그 모방을 위한 투자 규모가 클수록 독점 기간은 오래 유지된다. 이미 보았듯, 뒷좌석이 완전히 접히는 혼다의 오디세이 차량은 5년의 독점 기간을 누렸다. 경쟁업체들이 그 기능을 자신들의 차량에 탑재하려 디자인을 바꾸는 데 시간이 오래 걸리고 비용도 많이 들었기 때문이다.

페덱스는 정확히 10년간 익일 포장 배송 시장을 장악했다. UPS가 익일 배송 시장이 확대되고 있다는 것을 알고, 자신들만의 익일 배송 네트워크를 계획한 다음 항공기를 사고 직원들을 교육시키며 수많은 물류 관련 난제를 해결하는 데 10년이 걸렸기 때문이다.

소유할 수 있는 영역이 특허나 저작권으로 보호를 받는다면 독점 기간은 몇십 년도 유지될 수 있다. 복사기 발명가 체스터 칼

---

* 메이시스는 미국의 프렌차이즈 백화점이며, 서킷 시티는 전자제품 및 컴퓨터 관련 제품을 종합적으로 판매하는 미국의 대형 유통업체이다. _옮긴이

슨(Chester Carlson)의 일반 용지 복사에 대한 원특허 덕에 제록스
(Xerox)는 20년간 독점을 누릴 수 있었다. 월트 디즈니(Walt Disney)
는 1928년 「스팀 보트 윌리(Steamboat Willie)」라는 만화에 등장하는
캐릭터인 미키 마우스를 창작했는데, 아마도 이 매력적인 쥐가 엔
터테인먼트 왕국의 기반이 되리라는 점을 의심하지 않았을 것이
다. 그 왕국은 이른바 '소니 보노법'**에 의해 2023년까지 지속될 예
정이다.

대부분의 독점은 저작권이나 상표권처럼 법적 보호를 받지 않
는다. 이는 독점 기간을 특정하고 그 기간을 연장하기가 훨씬 어렵
다는 뜻이다. 이에 대해서는 추후 다시 한번 살펴볼 것이다. 지금은
학교에서 배운 독점의 정의에 대해서 돌아보고, 왜 이런 오래된 관
념이 오늘날 사회에서 더 이상 통용되지 않는지 생각해보자.

독점의 기술 2

약점을 강점으로 끌어내라. 그곳에 독점의 기회가 있다.

** 창작자 사후 저작권 보호 기간 연장에 대한 법으로 이 법을 주도한 미국 하원의원 살바토레 보노
(Salvatore Bono)의 별칭에서 가져왔다. 이 법에 따라 1978년 이후는 창작자 사후 70년, 1977년 이
전 작품은 창작 후 120년과 공표 후 95년 중 먼저 도래하는 기간까지 저작권이 보호된다. _편집자

3

경제학 원론으로 보는
독점의 오해와 진실

경제학 원론에서 말하는 독점

비즈니스에 있어 독점은 금기시되는 단어로 여겨진다. '독점'이라 하면 모두가 '불법 행위'로 생각하는 것이다. 이때 독점은 전 세계로 다이아몬드를 공급하는 드비어스(De Beers)와 같은 기업 연합을 의미한다. OPEC처럼 가격을 정하거나, 두 거물 경매사인 소더비(Sotheby's)와 크리스티(Christie's)가 가격 안정과 수수료 유지를 위해 담합하거나, 그 밖의 기업이 법의 힘을 빌리지 않고 경쟁자를 제한하거나 제거하는 전략이다. 우리가 알고 있는 유일한 합법적인 독점은 과거의 벨 시스템(The Bell System)과 같이 정부의 규제를 받는 기업이거나, 테네시유역 개발공사(Tennessee Valley Authority)와 같이 주에서 운영하는 국영 기업들뿐이다.

또한 우리는 독점의 규모가 클 것이라고 생각한다. 무의식적으로 독점은 해당 산업 전체에 영향을 끼치는 거대한 단일체 조직으로 생각하는 것이다. 약 50만 명의 직원을 거느렸던 유선 전화망 벨 시스템, 60만 명의 직원이 있는 미국 우정공사, 직원이 100만 명 이상인 인도 철도공사, 2만 명 이상의 직원과 함께 500억 달러의 사내보유금이 있는 마이크로소프트처럼 말이다.

이런 독점에 대한 관점은 경제학 원론에서 기인한다. 경제학 원론에서는 독점을 불완전한 경쟁의 극치라고 가르친다. 폴 A. 새뮤얼슨(Paul A. Samuelson)의 『경제학(Economics)』에는 다음과 같은 내용이 나온다. "독점은 극단적인 케이스로 단 한 명의 판매자가 완전한 독점력을 가진 경우다. 그때는 그 판매자가 해당 산업에서 유일한 생산자가 되며, 그 제품을 대체할 수 있는 제품을 만들 다른 기업은 없다."[*]

이런 관점에서 독점은 반드시 규모가 거대해야 하고, 결국에는 단 하나의 판매자가 전체 시장이나 산업을 장악하는 것이 당연시

---

[*] Paul A. Samuelson, Economics (New York: McGraw-Hill, 5th edition, 1961, pp.517-518

된다. 독점으로 인해 경쟁이 줄어들면 소비자가 더 비싼 가격을 지불해야 하기에 나쁜 것임에 틀림없다. 결과적으로 독점을 하고 있는 누구나 거대해지고 경쟁자를 제거함으로써(경쟁사를 사들이고 내쫓고 가격을 정하고 카르텔을 형성하는) 나쁜 짓을 해야 한다는 것이다. 간단히 말해서 경제학 원론이나 옛날 관점에서는, 독점이 거대해지고 규제를 받아야 하는 상황에서 정부가 조정을 가하지 않는다면 거대 규모의 불법 행위가 이루어지는 것으로 본다.

경제학 원론의 독점에 대한 관점은 과거에 깊이 뿌리를 내리고 있다. 예전부터 시장에서는 경쟁자들과 가격 조정을 공모하거나, 특정 물적 자원을 유일하게 소유하거나, 정상적인 시장 이용을 통제함으로써 독점을 형성해왔다.

18세기 자유시장 경제학의 아버지이자 『국부론(The Wealth of Nations)』의 저자인 애덤 스미스(Adam Smith)에 따르면, "같은 시장에 있는 사람들은 서로를 좀처럼 만나지 않지만, 그들이 대화를 한다면 그것은 대중에 반하거나 가격을 올리기 위한 모종의 모의로 끝난다"라고 말했다. 태고적부터 비즈니스에서는 가격과 생산량이 공식적이든 비공식적이든 조정이 되었다. 19세기 후반과 20세기 초반에는 사실상 미국 내 모든 산업에서 가격과 생산량을 조정하는 담합이나 카르텔이 어느 정도 형성되었다. 앤드류 카네기(Andrew Carnegie)의 US 스틸(U.S. Steel)과 이와 관련된 신탁회사들이 철강 산업을 좌우했고, 르랜드 스탠포드(Leland Stanford)의 중앙 태평양 철도(CPRR)와 기타 철도 신탁들이 화물 운송료를 올리거나 내렸다. 이 외에도 여러 사례가 있다. 20세기 대부분에 걸쳐 '자이 바츠(zaibatsu)'라 알려진 사업 연합체와 연결된 일본 회사들은 자기들끼리 시장을 나눠 먹었다. 일본에서는 카르텔이 최근까지도 합법이었고, 독일에서도 1957년까지 그랬다.

정치 권력이나 군사력을 이용해서 강제로 독점을 생성하고 유지하는 것 또한 굉장히 흔한 일이었다. 로마 시대에 런던에서는 템스 강 하구에 사람들이 건너다닐 수 있는 위치에만 시가지가 형성되었다. 런던은 소유할 만한(통제할 수 있는) 독특한 자산을 지닌 셈이었다. 14세기 베네치아는 육류 보존을 위해 수요가 상당했던 소금을 독점했고, 이를 바탕으로 경제 강국이 되었다. 15세기에서 16세기 사이 스페인은 신대륙의 모든 금광을 차지했다. 1937년 수소를 채운 독일의 힌덴부르크(Hindenburg) 비행선이 뉴저지 상공에서 폭발한 것도 독점 때문이었다. 당시 미국이 가용한 모든 헬륨 공급처를 쥐고 있었는데, 나치 독일에는 제공하지 못하도록 했기 때문에 그 비행선은 수소를 싣고 다닐 수밖에 없었던 것이다.

시장을 통제하거나 소유하는, 캡티브 마켓(Captive Marke)*에 대

---

* 선택할 수 있는 공급자의 수가 극히 제한적이어서, 소수의 공급자에게 구매하지 않으면 구매를 포기해야 되는 시장을 의미한다. _옮긴이

한 욕구는 독점 자산을 통제하기를 원하는 만큼이나 오래되었다. 로마 제국은 시장 소유에 대한 초창기 사례다. 18세기와 19세기에는 영국 동인도회사가 인도를 지배했는데, 모든 영국 제조업체들이 인도를 수출품을 판매할 수 있는 시장으로 소유한 셈이었다. 네덜란드 동인도회사는 인도네시아와 기타 네덜란드 식민지에 똑같은 행위를 했다. '보스턴 차 사건'은 당시 식민지였던 미국이 차를 포함한 비싼 영국산 물품을 강제로 사는 것을 원치 않았기에 벌어진 일이었다.

담합은 분명 반경쟁적이고 물론 불법이다. 구매자들이 자유경쟁 시장에서보다 비싼 금액을 지불해야 하기 때문이다(경매 조작을 제외하면 가격을 낮게 유지하기 위해 담합하는 일은 결코 없다). 독특한 자산을 소유하거나 수익이 나는 시장 이용을 통제하는 것은 사실상 반경쟁, 즉 불법적인 행위를 조장하는 일이다. 당신이 베네치아의 입장이라면, 다른 누군가가 유럽에서 소금을 파는 것을 원치 않을 것이고 강력한 해군 함대를 구축해서 잠재적인 공급자들을 막을 것이다. 영국 동인도회사라면 인도 방직자들과 면직 공장이 랭커셔에 있는 공장과 제품 경쟁을 하는 것을 원치 않을 것이기에 수단과 방법을 가리지 않고 인도 공장들의 문을 닫게 할 것이다. 오늘날 상황으로 보자. 드비어스는 자기네가 아닌 다른 곳에서 살 수 있는 다이아몬드가 생겨나는 것을 원치 않는다. 마이크로소프트는 타

업체의 달력, 주소록, 웹브라우저(혹은 뭐든 간에)가 윈도우즈 PC에서 가동되는 것을 원치 않는다. 그래서 전용제품을 '무료'로 윈도우즈에 번들로 제공하는 등 할 수 있는 무엇이든 해서 그런 일이 생기지 않도록 하는 것이다.

이런 역사적인 진화를 보면 경제학 원론에서 독점을 뭔가 의심스럽고 불법적인 것으로 설명하는 이유를 알 수 있다. 이런 관점에서 유일하게 법적으로 허용되는 독점은 정부에서 제공하는 서비스뿐이다. 예를 들어, 1716년 존 로(John Law)는 프랑스 정부가 프랑스 동인도회사에 미시시피 강, 루이지애나 주, 중국, 동인도, 남미로의 독점적인 무역 권한을 부여하도록 설득했다. 이뿐만 아니라 계약을 통해 9년간 동인도회사가 유일한 왕정 세입징수관과 공식 조폐국이 되도록 하고, 전 세계 담배 무역에 대한 무제한적 독점권을 가질 수 있도록 했다. 벨 시스템은 규제를 받기는 했으나, 정부가 승인하고 관리 감독하는 독점이었다.

이와 유사하게 특허와 저작권은 정부가 보증하는 독점으로, 발명품이나 브랜드 혹은 여러 형태의 지적 재산을 보호한다. 엄밀히 말하면 이것은 재산권이 아니다. 특허나 저작권은 주권자(정부)와 특허 혹은 저작권 소유자 간의 계약이다. 정부가 지식의 보급, 혁신, 공공 안전 등과 같은 공익을 대가로 제한적인 독점을 부여하는 것이다.

벨 시스템:
경제학 원론에서 말하는 대표적인 독점

벨 시스템은 경제학 원론에서 말하는 대표적인 독점이다. 1907년부터 계속 AT&T는 벨 지사들뿐만 아니라 독립적인 전화회사들을 사들였다. 전화와 전신환 통신에 거대한 가격 결정력을 지닌 웨스턴 유니온(Western Union)도 인수했다. 그 과정에서 AT&T는 성가시거나 달갑지 않은 경쟁자들을, 대놓고 불법이 아니라면 불법에 준하는 방법으로 제거한다고 고소당했다. 당시 사장이었던 시어도어 N. 베일(Theodore N. Vail)은 이렇게 말했다. "하나의 정책, 하나의 시스템(AT&T), 범용 서비스를 구성해야 한다. (왜냐하면) 다른 통신 서비스를 제공하는 회사들을 통합하지 않으면 대중에게 벨 시스템이 제공해줄 수 있는 서비스를 제공할 수 없기 때문이다." AT&T 경영진은 벨 시스템을 '실질적으로 완전한 독점력을 지닌 단독 판매자'로 만들기로 결정했다.

1913년까지 AT&T는 거대한 불법 독점사였고 반(反) 경쟁 행위로 사법부로부터 지속적으로 공격받았다. 이 상황이 1913년 12월 9일 이른바 '킹스베리 서약'으로 인해 바뀌었다. 실제로 AT&T 부사장인 네이선 킹스베리(Nathan Kingsbury)가 여러 건의 연방 정부 독점 금지 조사에 대한 답변을 위해 미 법무부 장관에게 서신을 보냈다. 그 서신에서 AT&T는 웨스턴 유니온(전신 회사)의 지분을 매각하고, 장거리 전화 서비스를 독립 전화업체들에게 제공하거나 교환하며, 미 주간 통상 위원회의 승인 없이는 어떠한 회사도 더 이상 인수 합병하지 않기로 합의했다. 1934년 미국 정부는 AT&T를 새롭게 창단한 연방 통신 위원회(FCC)의 관할권 아래에 두었고, 이로 인해 벨 시스템은 합법적이고 규제를 받는 독점이 되었다.

벨 시스템은 1913년부터 최종적으로 분할된 1984년까지 70년이 넘는 기간 동안 미국의 전화통신 서비스를 장악했다. 전화기 10대 중 9대는 벨 시스템 공장에서 만들었고, 벨 시스템이 설치했으며, 벨 시스템의 유지보수 기사가 A/S를 제공했다. 벨 시스템은 근거리, 장거리, 국제 전화를 연결하고 데이터를 전송했으며, 미국 동부 끝에서 서부 끝으로, 또 캐나다 국경선에서 멕시코 국경선으로 전송되는 텔레비전 방송신호 송신도 맡았다. 벨 시스템은 중앙 교환 시스템을 개발했고, 케이블을 설치했으며, 위성 서비스를 시작했고, 픽처폰과 휴대폰과 같은 새로운 형태의 서비스에 대한 연구도 했다. 벨 시스템은 100만 명 이상의 직원을 거느리고 1495억 달러 가치의 자산을 다루는 그야말로 경제 거물이었다.*

---

* 이 수치는 1983년 12월 31일자 기준으로 당시는 분사가 이뤄지기 바로 직전이었다.

독점에 대한 새로운 시각이 필요하다

'충분한 기간 동안 소유할 수 있는 영역'이라는 독점에 대한 우리의 관념은 근본적으로 옛 관념과 다르다. 경제학 원론에서 보는 독점은 "거대한 불법적(혹은 규제 대상인) 힘이 산업 전체에 퍼져 나가는 것"인 반면, 우리가 정의 내린 독점은 "규모는 더 작지만 완벽히 합법적이며 특정 범위, 혹은 좁은 범위의 시장 규모에 집중하는 것"이다.

혼다의 미니밴 독점을 벨 시스템의 독점과 비교해보자. 벨 시스템은 거대했다. 혼다의 미니밴 독점은 그에 비하면 굉장히 작은 규모이다.

처음에 벨 시스템은 불법 독점이었고, 모기업인 AT&T는 다양한 불법 활동으로 경쟁자들을 제거하려 한 탓에 결국에는 고소를 당한 상황이었다. 혼다는 경쟁자를 따돌리기 위한 어떤 불법 행위도 하지 않았다. 즉, 경쟁업체를 인수해버리거나, 그들의 서비스 활동을 방해하거나, 모두 여의치 않으면 그들을 제거하려는 시도를 하지 않았다는 뜻이다.

벨 시스템은 강력한 규제를 받았던 반면, 혼다의 미니밴 독점은 규제에서 완전히 자유로웠다(물론 모든 자동차들에게 적용되는 안전 기준 관련 요구 사항은 예외다). 예를 들어, 혼다와 딜러사들은 원하는 대로 가격을 부를 수 있었다. 즉, 정가에 팔거나 그보다 높게 혹은 낮게, 아니면 가장 적절한 가격을 새로 정하는 등 가격을 조정할 수 있었다. 벨 시스템은 전화통신 산업 전반에 영향을 끼쳤지만, 이와 반대로 혼다의 미니밴은 미국 미니밴 시장의 10%도 안 되는 지분만 차지했다. 혼다는 미국 자동차 시장을 장악하는 것과는 거리가 먼 셈이었다. 가장 중요한 사실은 벨 시스템의 독점은 70년 동안 이어졌지만, 혼다의 독점은 겨우 5년 갔다는 것이다.

경제학 원론에서 말하는 독점과는 달리, 우리의 독점은 법적으로 아무 문제가 없는 것 외에도 실제로 경쟁이 심한 산업 분야에서 존재한다. 벨 시스템은 경쟁자가 없었다. 마치 지역 전기공사가 해당 지역의 유일한 전기 공급자이고, 드비어스가 유일한 다이아몬드 공급자이며, 모든 산유국이 OPEC의 가격 정책을 따라야 하는 것과 같았다. 반면에, 혼다 오디세이는 미니밴 시장에서 도요타, 포드, GM, 크라이슬러, 마쯔다(Mazda) 등과 직접 경쟁을 해야 했다.

벨 시스템과 혼다의 미니밴의 공통점은 독점뿐이다. 각자의 시장(벨 시스템)이나 소유할 수 있는 영역(혼다)에서 이들은 유일한 판매자였다. 전화선을 필요로 하거나 누군가에게 전화를 걸고 싶다면 웬만하면 벨 시스템과 거래해야 했다. 뒷좌석 시트를 떼어서 길거리에 버리지 않더라도 짐칸을 충분히 확보할 수 있는 미니밴을 원한다면 혼다 오디세이가 유일한 해답이었다.

따라서 경제학 원론의 독점에 대한 정의는 이 책을 읽는 동안만큼은 머릿속에서 지우길 바란다. 특히나 독점이 반사회적이고, 불법적이며, 반윤리적인 것이라는 관념은 꼭 버려두어야 한다. 나중에 알게 되겠지만, 독점은 모든 비즈니스 성공의 핵심이다. 항상 그래왔고 앞으로도 그럴 것이다. 가치를 이어가는 회사를 세우는 데 관심이 있다면, 독점의 추구는 상도에 맞는 일일뿐 아니라 필수적인 일이라 하겠다.

독점의 기술 3

경제학 원론의 관점으로는 절대 독점을 설명할 수 없으며
독점 추구는 자본주의의 핵심이다.

4
'지속가능한 경쟁 우위'는
중요하지 않다

더 나은 쥐덫* 그 이상

몇 세기에 걸쳐 상인들과 무역상들은 '성배(聖杯)'를 찾아왔다. 자신들에게 꾸준히 들어오는 큰 수입을 보장해주는 사업을 찾으려 했다는 뜻이다. 그런데 시간이 지남에 따라 그 성배의 이미지도 변하게 되었다.

---

* 시인이자 사상가인 랠프 월도 에머슨(Ralph Waldo Emerson)이 한 말, "더 나은 쥐덫을 만들면 온 세상이 네 집 문을 두드릴 것이다(Build a better mousetrap, and the world will beat a path to your door)"에서 따왔다. _옮긴이

천연자원에 대한 독점은 거의 없거나 매우 드물다. 천연자원 시설, 광산, 혹은 다른 형태의 독특한 자연산 자산이 많이 있기 때문이다. 규제를 받는 독점은 제한적이다. 게다가 그런 규제로 인해 수익에도 한계가 있다. 담합은 거의 어디에서나 불법 행위이다. 심지어 OPEC처럼 담합이 합법인 경우도 있으나 여전히 위험하다. 같이 가격을 정하는 동료가 나를 속일 수 있기 때문이다. 최근까지도 OPEC의 가장 큰 골칫거리는 OPEC에서 공식적으로 합의한 석유 생산량을 초과하는 나라가 많다는 것이었다. 이러면 유가가 OPEC 회원국이 희망하는 가격 아래로 떨어지게 된다.

그 결과 1890년대 후반기부터 경영진들은 모두가 원하고 경쟁자들이 베끼기 어렵거나, 특허 저작권, 상표권 등으로 보호를 받거나, 굉장히 고가인 그 무엇(제품, 특징, 브랜드, 기술 등)을 구축해서 독점을 확보하는 데 집중하게 되었다. 목적은 단순하다. 그야말로 '더 나은 쥐덫'을 만드는 것이다.

그러나 경쟁이 심해지면서 더 나은 쥐덫만으로는 충분치 않게 되었다. 경쟁자들은 모방을 시작했고, 심지어 현존 최고의 쥐덫으로 개선하기까지 했다. 더 안 좋은 소식은 모조품이 발명품보다 수익이 더 좋다는 점이다. 모조품은 비용은 덜 들고 시장에 판매할 제품을 더 빨리 만들 수 있다. 디자인을 베끼는 것이 처음부터 제품을 개발하는 것보다 더 빠르고 쉽기 때문이다. 별도의 시간

과 비용을 들여서 소비자를 교육할 필요가 없으며 수요를 창출할
필요도 없다. 제품을 개발한 업체에서 이미 다 해놨기 때문이다. 결
국 회사가 경쟁 속에서도 지속적으로 월등한 수익을 낼 수 있게 해
주는 새로운 종류의 성배를 찾는 것으로 관심이 옮겨갔다. 경영학
에서는 이것을 "지속가능한 경쟁 우위(SCA, Sustainable Competitive
Advantage)"라고 불렀다.

최근까지 이런 지속가능한 경쟁 우위에 대해 컨설턴트들과 학
자들이 쓴 저서가 많이 나왔다. 존경받는 전략 전문가인 마이클 포
터(Michael Porter)는 1985년에 쓴 책인 『경쟁 우위: 월등한 성과 창
출과 지속 유지(Competitive Advantage: Creating and Sustaining Superior
Performance)』에서, 지속가능한 경쟁 우위를 위한 두 가지 원천을
지목했다. 바로 차별화와 저비용이다.

다른 사람들은 이 개념을 좀 더 밀고 나아가, 지속가능한 경쟁
우위를 제공할 수도 있는 비즈니스의 특징이 담긴 목록을 만들어
냈다. 여기에는 회사가 보다 저비용으로 제품을 만들고 경쟁자들
보다 좀 더 낮은 가격에 판매하는 '규모(즉 진정한 크기)', 회사가 다
른 누구보다 폭넓게 보다 다양한 종류의 제품을 만드는 '범위', 기
업이 충성 고객을 끌어들이고 붙잡아 둘 수 있게 하는 '서비스 질',
아무나 제공 못 하는 특별함을 원하거나 필요로 하는 소비자를 끌
어들이는 '제품의 독특함', 해당 산업에서 가장 적은 비용으로 생

산하는 기업의 입지를 공고히 할 수 있게 하는 '훌륭한 효율성', 경험곡선 효과*를 통한 더욱 효율적인 학습, 기술적 개선, 비용 절감을 가능하게 하는 '더 확장된 경험', 가격 프리미엄을 생성하는 동시에 해당 상표가 붙은 제품이 그렇지 않은 제품보다 더욱 가치 있어 보이게 하는 '브랜드 파워'가 있다.

1990년대 치열한 경쟁 환경 속에서 경영자들은 자사의 지속가능한 경쟁 우위를 끊임없이 파악하고 구축하려 했다. 또 지속가능한 경쟁 우위를 위한 새로운 원천을 찾고자 했다. 어떤 기업은 규모나 범위를 찾기 위해 인수 합병 노선을 탔다. 대형 은행들이 이런 전략을 통해 더 큰 은행으로 탈바꿈하는가 하면, AOL/타임워너(Time Warner)와 같은 정보통신 혹은 엔터테인먼트 사업을 하는 기업들은 타의 추종을 불허하는 형태의 매스 미디어가 되어 지속가능한 경쟁 우위를 찾았다. 반복적인 자기 개량을 통해, 기본적인 기능은 외주 처리하고(중국에 제조를, 인도에 고객 서비스를 맡기는 방식) 비용 절감과 고효율성을 위해 가차없이 공급처를 쥐어짜는 기업도 생겼다. 그런가 하면 브랜드 파워라는 마법의 영약으로 경쟁에서 살아남을 수 있다는 일념하에 아직도 광고, 마케팅, 홍보, 스폰서, 특별 이벤트 등에 수십억 달러를 쓰는 기업도 있었다.

---

* 기업의 비용 변화를 나타내는 곡선으로 제품의 단위당 실제 비용은 누적 생산량 또는 판매량으로 볼 수 있는 누적 경험이 증가함에 따라 일정 비율로 절감되는 것을 보여준다. _옮긴이

'깊고 진한 커피 한잔'에 담긴 독점

지속가능한 경쟁 우위를 홍보하는 기업에서 제시한 전략 대다수는 문제될 것이 없다. 비용 줄이기, 품질 높이기, 브랜드 이미지 쇄신 등 모두 한두 포인트 차로 이익을 늘려줄 수도 있는 좋은 아이디어다. 그러나 이렇게 홍보된 지속가능한 경쟁 우위를 확보하는 방법 중 어떤 것도 수익을 보장하지는 않는다. 독점만이 그렇게 할 수 있다.

더 나아가, 지속가능한 경쟁 우위가 비즈니스 성공에 가장 중요한 요소라는 개념은 있으나, 실제로 그런 빛나는 성공 이야기가 조명받는 경우는 지난 몇십 년 동안 별로 없었다.

예를 들어, 잘 알려진 스타벅스(Starbucks)를 보자. 1971년, 스타벅스는 시애틀의 파이크 플레이스 마켓에 위치한 작은 카페였다. 하지만 그 후로 성장을 거듭하여 현재 미국 전역과 전 세계 31개국에서 8000여 개의 매장을 보유하게 되었다. 스타벅스는(2003년 회계년도 기준) 40억 달러 이상의 매출을 올렸다. 한잔의 커피를 거대 사업 수단으로 변모시키며 커피 맛과 삶의 형태에 작은 혁명을 가져왔다.

여기까지는 잘 알려져 있다. 진짜 놀라운 것은 바로, 스타벅스가 전통적인 '지속 가능한 경쟁 우위'의 도움을 전혀 받지 않고 그런 놀라운 성공을 이뤄냈다는 사실이다.

처음 사업을 시작한 후로 10년 남짓한 기간에 스타벅스는 규모의 이점이 없었다. 네슬레(Nestlé), 제너럴푸드(General Foods), 여타다른 거대 기업보다 커피 원두를 싸게 공급받을 정도로 크지 않았다는 의미이다.

독특한 제품 라인도 없었다. 카푸치노, 라떼, 아이스커피, 디카페인 커피는 말할 것도 없이 모두 오래전부터 있던 메뉴였다.

경험곡선의 이점도 없었다. 커피를 끓이고 서빙하는 사업은 최소한 런던 커피하우스가 존재했던 1700년대부터 시작되었기 때문이다. 이런 익을 대로 익은 산업에서 스타벅스는 관심을 끌 만한 숨은 전문성도 없었다.

브랜드 파워 역시 마찬가지였다. 여러 해에 걸쳐 극소수의 사람만이 스타벅스에 대해 들어봤을 뿐이었다. 참고로 지금도 스타벅스는 광고를 위해 그리 큰 비용을 들이지 않는다.

또한 스타벅스는 분명 저비용 생산자라 할 수는 없다. 대부분의 도시에는 레스토랑, 커피숍, 자바커피 한 잔을 스타벅스의 정찰 가격의 1/3 수준으로 파는 구내 식당이 많기 때문이다.

그러면 스타벅스는 어떻게 성공한 것일까?

해답을 찾기 위해 내 친구인 샘 힐을 찾아갔다. 샘은 스타벅스 현상을 매우 상세하게 분석한 적이 있다. 그의 호기심은 일부 개인

적인 사유에서 비롯된 것이긴 하나(그는 커피를 좋아한다), 또 일부는 직업적인 사유에서 기인한 것이다. 마케팅 컨설턴트이자 대형 광고 기획사의 부사장 출신인 샘은 브랜드 파워와 마케팅 전략에 대한 책 몇 권을 쓴 저자였다. 간단히 말해 그는 스타벅스의 성공에 대해 알아야 했다.

"요즘 '커피'라 하면 대다수의 사람들이 스타벅스를 떠올리잖아. 몇 년 전만 해도 맥스웰 하우스(Maxwell House), 폴저스(Folgers), 네스카페(Nescafé), 혹은 슈퍼마켓 홈브랜드 상품들을 떠올렸을 텐데 말이지. 대체 어떻게 이렇게 된 걸까?" 내가 묻자 샘이 곧바로 대답했다.

"이유는 간단하지. 슈퍼마켓에서 파는 커피 맛이 형편없기 때문이야. 거름종이로 거르든, 필터로 끓이든, 에스프레소 기계를 이용하든 뭘 해도 냄새가 심해. 사람들이 스타벅스 커피를 마셔보고 커피가 제공해야 하는 맛을 알게 된 거야. 마치 사람들 머릿속에 있는 거대한 전구에 불이 팍 들어온 것처럼 말이지. '세상에, 커피는 원래 맛이 없는 것이 아니었구나!' 하면서 놀라는 그런 상황이었어. 그게 바로 사람들의 커피 취향을 바꾼 거지."

"이해가 안 가. 그게 훌륭한 커피의 기준이었다면, 스타벅스와 같은 업체들이 그렇게 맛을 내기까지 왜 이리 오래 걸렸을까?" 내가 반문했고 샘이 다시 이야기를 했다.

"이건 역사 이야기이기도 한데, 제2차 세계대전 전까지만 해도 미국인들은 세상에서 가장 좋은 커피를 마셨었지. 다른 어느 나라보다 일인당 커피 소비량이 많았어. 그런데 전쟁 후에 미국의 커피 품질이 갑자기 추락했어. 마치 물속에 들어간 돌처럼 말야. 그러다 보니 커피 가격도 같이 추락했고.

그게 다 커피콩 때문이야. 커피콩은 '코페아 아라비카'라는 식물학명을 가진 나무에서 열려. 아라비카 콩으로 만든 커피는 향이 매우 좋고 온화해. 이 방식으로 만든 터키식 커피를 마셔본 적이 있다면 내가 말하는 의미를 알 거야."

그는 계속해서 말했다.

"문제는 아라비카는 재배하기에 돈이 많이 든다는 거야. 곰팡이에도 취약하고. 이 때문에 가격과 생산량 변동이 심해. 그런데 1800년대 후반에 브라질에서 다른 품종의 커피를 재배하기 시작했어. 이 커피는 곰팡이에 강한데 '코페아 카네포라'라고 알려진 나무에서 자라. '로부스타'라고, 그 커피콩을 지칭하는 이름이 따로 있지. 로부스타는 빠르게 자라고 날씨 변화에도 강해. 경작에도 유리해. 그런데 딱 하나가 문제야. 로부스타로 만든 커피는 못 먹을 정도로 맛이 없다는 거지.

하지만 소비자와 커피 볶는 업체 모두가 안정적이고 낮은 가격을 원하게 되면서 커피 제조업체들이 원두에 약간의 로부스타를

섞기 시작했어. 처음에는 가격 안정화를 지속하려 극소량만 섞었는데, 커피 판매상들이 로부스타를 사용한 커피가 아라비카로 만든 것보다 얼마나 싼지 알게 된 후로는 욕심이 커졌지. 1950년대 중반까지 슈퍼마켓에서 파는 거의 모든 커피는 100% 로부스타로 바뀌었어."

"그래서 미국 커피 맛이 형편없어진 것이로군. 그 당시에는 스타벅스가 나오기 전이었고 말이야." 내가 중간에 끼어들었고 샘이 말을 이어갔다.

"그렇지. 대형 커피 브랜드들이 이런 식으로 시장에 만들어놓은 구멍을 정말로 맛있는 커피를 제공하려는 업체들이 메꿀 준비가 된 거지. 스타벅스가 바로 그런 회사였고."

"그 역사 이야기라는 게 그게 다인가?"

"아니, 좀 더 있어. 스타벅스가 성장한 데는 몇 가지 이유가 더 있지. 첫째, 우연이든 아니든 타이밍이 아주 좋았어. 미국 커피 소비자들은 과거나 현재의 끔찍한 커피 맛에 결국엔 질려 있었단 말이지. 그러니 좀 더 나은 상품을 찾을 수밖에 없었던 거야.

둘째, 수백만 미국 가정이 맞벌이를 하는 시대로 변해가면서 일로 바빠지는 사람들이 늘어났어. 부부 모두가 아침에 빨리 준비해 갈 수 있는 그런 커피를 원했지만, 집에서 끓여서 담아 갈 정도로 시간 여유가 있던 게 아니거든. 그러다 보니 사무실 출근하는 도중에 사 갈 수 있고 맛도 있는 커피라면 얼마든지 1, 2달러 정도는 쓸 수 있게 된 거야."

그는 말을 이어갔다.

"스타벅스는 여기서 또 하나의 정말 현명한 사업 결정을 내렸지. 스타벅스 매장을 프렌차이즈화 하지 않으면서, 좋은 커피 맛이 일정하게 유지되는지 확인했던 거야. 정말 중요한 결정이었어. 우리에게 익숙한 그 스타벅스 로고가 길거리에 하나둘 늘어나기 시작했고, 스타벅스 팬들은 자기 친구들에게 그 커피가 옛날 방식의 레스토랑이나 구내 식당에서 만든 커피처럼 맛이 들쭉날쭉하지 않고 항상 맛있다며 소개해줬으니까.

스타벅스는 전국적으로 세력을 확장해나가는 방식에서도 현명했지. 확장지를 선정하면, 가장 먼저 가장 빠르게 진출한 거야. 사실 그 정도에서는 시애틀부터 시작해서 점차 그 외곽 전원지 지역으로 뻗어나가 매장 몇 곳을 연 다음, 포틀랜드나 왈라왈라, 혹은 노스웨스트 지역의 다른 도시들에서 시범적으로 매장을 열어보거든. 그런데 하워드 슐츠(Howard Schultz)는 그곳을 다 건너뛰고 바로 시카고로 진출하는 도박을 했어. 무려 3200여 킬로미터 떨어진 곳인데 말이야. 그런데 그게 엄청나게 성공했네? 시카고에는 1987년 10월에 매장을 열었는데, 참고로 그때는 다우존스 지수가 500포인트나 떨어졌던 때야!

스타벅스는 시카고에서 샌프란시스코 해안선을 따라 위에 있는 LA로 넘어갔고, 그 후에는 대륙을 건너 보스톤으로 갔지. 모두가 최신 유행을 선도하는 도심지로 학생, 예술가, 여피족이 모여 있는 곳이야. 이런 도시들이 스타벅스 추종자들의 중심지가 되었어. 스타벅스 매장이 자기네 동네에 있다고 하면 다들 부러워했고, 만일 자기가 사는 동네에 스타벅스가 들어오면 큰 화제가 되는 그런 시기였지. 그 후 몇 년 안에 스타벅스는 전국적인 유행이 된 거야."

그렇다면 스타벅스는 전통적인 지속가능한 경쟁 우위라는 것이 전혀 없는 셈이었다. 그럼 무엇을 가지고 있던 걸까? 독점이다. '훌륭한 맛을 지닌 한잔의 커피'라는 독점. 결과적으로 스타벅스는 엄청난 돈을 벌었고, 경제학 원론 교수들이 '독점지대(monopoly rent)'라 부를 정도로 비정상적으로 많은 수익을 올렸다. 반면에 폴저스, 맥스웰 하우스, 네슬레 같은 회사는 브랜드 파워는 대단했지만 크게 수익을 낼 수 있는, 소유할 만한 영역이 없었다. 즉, 독점을 못했던 것이다. 그 결과 이들은 커피 약 0.5킬로그램을 4.5달러에 파는 상황에 봉착하게 되었다. 반면에 스타벅스는 같은 양을 45달러에 팔면서 매장을 늘려갔다. 그 확장 속도가 열광적인 고객들의 수요를 따라가지 못할 정도였다.

사우스웨스트 항공의 실제 이야기

과거에 커다란 비즈니스 성공 이야기를 써나간 또 다른 회사를 살펴보자. 바로 사우스웨스트 항공이다.

사우스웨스트가 치열한 항공 산업 경쟁 속에서도 어떻게 그렇게 오랜 시간 최고의 자리에 설 수 있었는지 경영진 아무에게나 물어보라. 한결같이 지속가능한 경쟁 우위 이론에 대한 이야기를 들먹이는 이런 대답만 들려줄 것이다.

"사우스웨스트 항공은 미국 항공 산업에서 저가 항공 서비스 제공자로서 믿을 수 없을 정도의 지속가능한 경쟁 우위를 가지고 있습니다. 승객 한 명을 약 1.6킬로미터 이동시키는 데 고작 7.2센트(미국 평균 경비인 11.3센트보다 30% 저렴하다)밖에 안 들죠. 사우스웨스트 항공을 이용하면 시카고에서 디트로이트까지 362킬로미터 비행하는 데 39달러면 되고, 항공사는 여기서 수익을 22달러나 차지할 수 있습니다."

"사우스웨스트 항공은 어디에서든 동일한 항공기를 이용해서 비용을 절약합니다. 그래서 비행기 기장들을 비롯한 승무원들에게 다른 기종의 비행기에 대해 교육하거나, 다른 장비 관련 업무 배정 규율이나 급여 차등으로 논쟁을 할 필요가 없습니다."

"더 낮은 착륙료를 제공하는 제2공항을 이용합니다."

"사우스웨스트 항공은 항공기 가용율이 국내선 중 가장 높습니다. 항공기를 단 15분 간격으로 돌릴 수 있고, 그래서 더 오래 비행이 가능하죠. 다른 항공사보다 더 부지런히 일하는 것도 있습니다."

"사우스웨스트 항공은 요금표가 매우 단순해서 저가 항공 특별가 홍보를 위한 시간과 돈을 그리 많이 들이지 않습니다."

"사우스웨스트 항공사 직원들은 열심히 일하고 여러 업무를 한꺼번에 처리합니다. 예매 부서에서 수화물 싣고 내리는 일을 도와주고 승무원들은 기내 청결도 유지에 협력합니다."

"사우스웨스트 항공은 기내식을 제공하지 않습니다. 땅콩 한 봉지만 건넬 뿐이죠."

"노조가 없습니다."

참고로 마지막 이 말은 사실이 아니다. 놀랍게도 사우스웨스트 항공은 항공 산업 분야에서 실제로 가장 높은 노조 가입율을 자랑한다.

이런 설명들은 다 같이 더해지면서 하나의 요점이 된다. 사우스웨스트 항공은 저비용 생산자가 되는 중요성과 가치, 즉 옛날 방식의 지속가능한 경쟁 우위를 보여주는 전형적인 기업이라는 사실이다.

이 이론에는 딱 한가지 문제가 있다. 틀린 설명이라는 것이다. 사실 사우스웨스트 항공은 저렴한 항공기 좌석에 대한 독점을 확보했던 시기, 딱 그때에만 성공했다.

시카고에서 워싱턴 DC로 이동하는 경우를 보자. 오헤어 공항에서 유나이티드 항공이나 아메리칸 에어라인을 타고 국내선 공항으로 이동할 수 있고, 비용은 왕복으로 600달러를 조금 넘는다. 이 방법이 마음에 들지 않는다면, 미드웨이 공항(시카고의 또 다른 공항으로 시카고 남쪽 지역에 위치)으로 가서 사우스웨스트 항공편으로 볼티모어로 가면 된다. 이때에는 199달러가 든다. 그러고 나서 워싱턴 DC까지 택시를 이용하면 400달러 이상을 절약할 수 있다. 물론 그 택시 비용을 지불하고 나서도 말이다.

이러면 괜찮은 거래 아닐까? 모두에게 그렇지는 않더라도 말이다. 출장자가 있는데, 이 사람이 시카고 북부 지역에 산다면(아니면 나처럼 북쪽 외곽 지역에 산다면) 미드웨이까지 이동하는 것이 상당히 성가시다. 따라서 오헤어 공항에서 유나이티드 항공이나 아메리칸 에어라인을 이용할 가능성이 높고, 그러면 출장자의 회사는 그 편의를 위해 약간의 추가 지출을 하게 된다.

그러나 예산이 한정적인 여행자라면, 그러니까 학생, 수입이 고정된 은퇴자, 혹은 얼마 안 되는 휴가비를 쥐어짜서 최대의 즐거움을 누리려는 바캉스 여행객이라면 사정이 다르다. 이 경우 유일한 대안은 그레이하운드(Greyhound) 버스나 암트랙(Amtrak) 열차뿐인데, 둘 다 마음에 들지는 않을 것이다. 둘 중 어느 것이든 이동하는 데 하루 반이 걸리고, 그 시간 동안 뻣뻣하고 불편한 좌석에 앉아 가야 하기 때문이다. 게다가 암트랙 열차의 경우 거의 항공료에 필적하는 비싼 비용까지 지불해야 한다. 여기까지만 본다면 사우스 웨스트가 최고의 선택이다.

이 이야기를 모든 사우스웨스트 항공로에 대입해보면 그 회사의 성공 비밀을 알 수 있다. 1971년 창립부터 사우스웨스트는 가격에 몰두해 있는 여행객들을 자신들이 선택한 시장에 가둬둘 수 있는 프로그램을 만들고 보호하는 작업을 했다. 이런 저렴한 좌석에 대한 독점이 사우스웨스트 성공의 진짜 열쇠이다. 짧은 비행 왕복 소요 시간, 유동성 있는 작업 규율, 단일 항공기 모델, 땅콩 봉지와 같은 특정 전략들은 이런 독점을 개척하는 데 사용된 '수단'이다. 그러나 독점이 없었다면, 사우스웨스트는 가혹한 경쟁이 있는 산업에서 그저 그런 저가 항공사로만 남았을 것이다. 가격 전쟁으로 들어갔다면 다른 항공사보다는 적은 양이긴 해도 출혈을 감당해야 했을 것이다.

사우스웨스트는 이런 교훈을 유나이티드 항공사가 캘리포니아에서 셔틀 서비스를 시작한 1994년에 알게 되었다. 유나이티드 항공사의 목적은 간단했다. 수익이 나는 미국 서부 해안 시장에서 사우스웨스트의 항공편에 끼어드는 것이다. 2년간 사우스웨스트와 유나이티드는 캘리포니아 주 전역에 걸쳐 전면전을 펼쳤다. 특히

샌프란시스코에서 로스앤젤레스로 가는 항공편에서 각축전이 심했다. 어느 쪽도 양보할 의사가 없었고 둘 다 손해를 봤다.

사우스웨스트는 서부 해안에서 전세를 뒤집어서 자신들의 독점을 다시 만들게 된 후에야 돈을 벌기 시작했다. 그 과정에서 이런 일이 있었다. 샌프란시스코 국제 공항에서 로스앤젤레스 국제 공항으로 가는 대신 사우스웨스트는 오클랜드 국제 공항에서 항공기를 띄웠다. 샌프란시스코 지역에 사는 레저 여행객과 예산이 빠듯한 여행객들은 별 신경을 쓰지 않았기에 베이 브리지를 건너서 오클랜드 공항에서 비행기에 올라탔다. 그러나 출장자들은 너무 불편해했다. 특히 다른 항공편으로 갈아타야 하는 승객들은 더더욱 그랬다. 이들은 샌프란시스코에서 택시를 타고 베이 브리지를 건너 오클랜드로 간 다음 사우스웨스트 항공기를 타고 로스앤젤레스로 가는 수밖에 없었다.

이러다 보니 출장자들은 대량으로 유나이티드 항공으로 갈아탔다. 유나이티드는 이때 항공료를 올렸다. 주머니가 두둑한 승객들은 시간을 절약하고 다음 출장에 끼칠 악영향을 피하기 위해 기꺼이 2~300달러 정도는 지불할 여력이 된다는 것을 알고 있었던 것이다. 그러나 계획한 비용 내에서 이동해야 하는 여행객들은 사우스웨스트 항공사만 이용했다. 유나이티드와의 경쟁 압박에서 해방된 사우스웨스트는 요금을 수익이 나는 수준으로 다시 올릴 수 있었지만, 그래도 다른 경쟁업체에 비해서는 여전히 지나치게 낮은 수준이었다. 하지만 저비용 시장에서 독점을 탈환하자 사우스웨스트는 다시 번성했다.

저비용 생산자가 되어봤자 지속가능이나 성공은커녕 수익도 보장되지 않는다. 심지어 사우스웨스트와 같은 거대 가격 조정자에게도 마찬가지다. 오직 독점으로만 그런 보장을 받을 수 있다.

아마도 스타벅스와 사우스웨스트가 이례적인 사례가 아닐까 궁금해할 것이다. 두 가지 사례로 지속가능한 경쟁 우위가 성공의 열쇠라는 일반 법칙이 산산조각 나지는 않는다고 생각할 수도 있다.

하지만 답은 '아니요'다. 나는 여러 산업 분야에서 그런 지속가능한 경쟁 우위 없이도 크게 성공한 회사들의 사례를 발견했다. 이런 회사들 중 일부는 비교적 작고 심지어 무명의 기업들이다. 스탠다드 브랜즈(Standard Brands)의 에그비터스라던가, 반려동물 사료를 파는 이암스(Iams), 식료품을 취급하는 홀푸드 마켓(Whole Foods Market), 렌트카업체 엔터프라이즈 렌트-어-카 등이 그런 케이스다. 다른 사례로는 CNN, 노키아(Nokia), 월마트(Wal-Mart), 페덱스, 뱅가드 뮤추얼 펀드(Vanguard mutual funds), 델 컴퓨터처럼 거대하고 잘 알려진 기업들도 있는데, 이런 회사들에게는 공통점이 몇 가지 있다.

첫째가 가장 중요한 점으로, 이들의 성공이 지속가능한 경쟁 우위 때문이 아니라는 것이다. 심지어 오늘날에도 이런 회사들 중 몇 몇은 대개 지속가능한 경쟁 우위의 원천으로 볼 만한 것이 없다. 규모나 범위의 경제가 아니고 비용의 우위도 없으며, 학습곡선을 통한 이점도, 특별히 강력한 브랜드 파워나 독특한 제품 등 그 어느 것도 없다. 다른 기업들은 크게 성공한 후에 이런 우위를 만들어나갔다. 예를 들면, 거대한 규모를 달성하여 저렴한 가격에 원재료를 구매할 수 있었고, 그렇게 함으로써 전체적인 비용을 줄여나간 식이었다. 그러나 이 지속가능한 경쟁 우위는 처음부터 성공을 거두는 데 있어 중요한 것이 아니었다.

예를 들어 노키아의 경우, 휴대폰 산업에서 차별화된 독특한 제품의 모범 사례로 자주 소개된다. 그러나 원래 노키아는 잘 알려지지 않은 제지업체였기에 휴대폰 시장에서는 브랜드 파워가 없었다. 노키아의 핵심 기술 대다수는 모토로라(Motorola)에서 라이선스를 받았던 터라 모든 휴대폰이 갖춰야 할 기능과 성능 표준이 없는 상태로 사업을 시작했다. 그러면 어떻게 노키아는 북미 휴대폰 시장에 갓 진입한 기업에서 1등 기업이 될 수 있었을까?

월마트는 또 다른 놀라운 사례를 제공한다. 비즈니스 전문가들은 월등한 운송 시스템, 거대한 규모, 엄청나게 저렴한 비용 구조 등 월마트의 지속가능한 경쟁 우위에 대해 이야기한다. 그러나 지속가능한 경쟁 우위에 대한 수석 학술 연구원인 판카이 게마와트

(Pankaj Ghemawat)는 월마트가 세계 최고의 소매점 지위를 획득한 방법을 연구하던 중, 월마트가 처음에는 작은 소도시들 입점에 집중했었다는 사실을 알아냈다.[*] 게마와트는 이런 결정의 핵심 배경을 다음과 같이 설명한다. "이런 소도시 대부분에서는 두 곳 정도의 할인 매장이 운영될 수가 없습니다. 따라서 월마트가 회수할 수 없을 정도의 엄청난 투자를 오랜 기간 이런 소도시들에 한다면, 그 '지역의 독점(내가 만든 표현이다)' 지위를 얻게 되지요." 게마와트는 이어서 이렇게 말한다. "이런 지역 독점에서 나오는 자금으로 월마트는 거대한 지역 유통센터와 자신을 저비용 생산자로 만들어주는 또 다른 요인들에 투자하게 됩니다."

다른 말로 하면, 월마트의 경우 독점이 먼저 오고 지속가능한 경쟁 우위가 나중에 온 사례이다. 월마트의 지속가능한 경쟁 우위는 수익 개선에 도움이 되었으나 처음부터 수익을 창출한 것은 아니었다.

둘째, 이 회사들 대다수는 오래되고 경쟁이 굉장히 치열한 산업에서 성공을 해왔다는 점이다. 이렇게 생각해보라. 항공 서비스, 식료품 소매상, 뮤추얼 펀드와 같은 산업 중 어떤 것도 완전히 열려 있지 않고 두 자리 수 비율로 성장하지는 않는다. 지속가능한 경쟁

---

[*] Pankaj Ghemawat, "Sustainable Advantage," Harvard Business Review, Sept.-Oct. 1986, p.54

우위로는 혜택을 거의 못 보는, 그런 살아남기 어려운 비즈니스 세계에서도 독점을 통해 성공할 수 있는 것이다.

셋째, 이 회사들은 1년 반짝으로 끝나는 것이 아니다. 이런 회사들 모두가 5년, 10년, 20년, 심지어 30년까지 오랜 기간 성장을 거듭해왔다. 끔찍한 경기 상황에서조차 꾸준히 수익을 냈다. 예를 들어, 항공사 중에서도 독특했던 사우스웨스트 항공은 적자를 기록한 해가 없었고, 심지어 항공 산업이 2001년에 9 · 11 테러로 무너졌을 때에도 적자가 나지 않았다.

넷째, 이 회사들은 경쟁업체들이 입증된 지속가능한 경쟁 우위를 가지고도 고생을 하거나 사라지기까지 하는 그런 상황에서도 성장을 계속했다. 엔터프라이즈 렌트-어-카는 꾸준히 수익을 낸 반면, 허츠(Hertz)와 에이비스(Avis)는 강력한 브랜드 파워의 이점을 가지고도 수익이 큰 폭으로 요동쳤다. 이암스는 랠스턴 퓨리나(Ralston Purina)를 비롯한 다른 메이저 반려동물 사료 브랜드를 뛰어넘는 실적을 올렸다. 노키아는 기술력, 브랜드, 기회에서 우위를 지닌 모토로라를 이겼다. 델 컴퓨터는 두 자리 수 퍼센티지로 성장한 반면, 컴팩(Compaq), DEC, NCR은 오래전에 사라졌다. 이들은 한때 강력한 브랜드 파워를 자랑했고 많은 고객이 있었으며 기술적 우위를 보유하고 있던 회사들이다.

이런 일련의 사건을 본 뒤 나는 스스로에게 질문을 했다. "지속가능한 경쟁 우위가 정말로 중요한 걸까? 아니면, 그냥 전략계의 안나 쿠르니코바(Anna Kournikova)* 일 뿐일까?"

그 답은 지속가능한 경쟁 우위는 고수익에 꼭 필요한 것이 아니며, 고수익을 보장하지도 않는다는 것이다. 모든 지속가능한 경쟁 우위가 보장할 수 있는 것은 그 기업이 하나, 혹은 그 이상의 특정 영역에서 경쟁업체들보다 우위에 설 수 있다는 것뿐이다. 그게 전부다. 판매가를 높이거나, 생산을 덜 하거나, 더 나은 상품을 만들거나, 그게 아니면 다른 방법을 통해 그 지속가능한 경쟁 우위가 보다 높은 수익으로 이어질 가능성은 있다. 하지만 가능성은 보장과는 거리가 멀다.

지금 찾고 있는 그 보장은 독점을 소유함으로써 이뤄진다. 독점만 가지고 있다면 지속가능한 경쟁 우위가 없더라도 큰돈을 벌 수 있다. 그런데 지속가능한 경쟁 우위는 있지만 독점이 없다면 그러지 못한다. 아니, 큰돈을 벌더라도 그게 꾸준히 이어지지 않는다.

여기 한 가지 예시가 있다. 인지도가 높고 잘 알려진 브랜드가 훌륭한 경쟁 우위가 될 수 있음은 모두가 인정한다. 독점 영역에서 작용하는 강력한 브랜드는 수익이라는 전기를 생성하는 멈추지 않는 발전기나 다름없다. 그러나 독점 영역이 사라지면 마케팅 활동

---

* 세계적인 테니스 대회에 나가 부단히 노력했지만 우승은 못 한 선수다. _옮긴이

에 비싼 비용을 지불해야 하고 수익은 흐지부지해질 뿐이다.

40년 전, 캐딜락은 이런 훌륭한 브랜드 파워를 지닌 독점자로서 북미 지역 고급 승용차 시장에서 독점 지위를 차지하고 있었다. 그 결과 엄청난(독점적인) 수익을 올렸다. 오늘날, 메르세데스 벤츠(Mercedes-Benz), BMW, 렉서스(Lexus), 인피니티(Infiniti), 그 외 기타 다른 경쟁자들이 이런 고급 승용차 자리를 상당수 잠식하면서 캐딜락(Cadillac)은 명성에 걸맞은 품위 유지를 위해 엄청난 비용을 들여야 하는 짐을 짊어지게 되었다. 그런데 그 명성에 따른 독점 수익은 없어졌다.

여기 지속가능한 경쟁 우위에 대해 다르게 생각하는 방법이 있다. 즉, 옛날 방식의 지속가능한 경쟁 우위, 다시 말해 독특한 제품, 브랜드 파워, 거대한 기회, 저비용 등은 단지 유용한 수단일 뿐이라는 것이다. 목표는 독점이다.

사업하는 사람들이라면 항상 알고 있던 사실이다. 그러나 시간이 지나면서 더 나은 쥐덫의 목적이 쥐가 아닌 고객을 잡아두는 것이라는 사실을 잊게 된다. 우리는 더 나은 쥐덫의 함정에 빠지게 되었다. 더 나은 쥐덫 자체가 세상으로 통하는 길을 저절로 열어줄 것이라고 믿게 된 것이다. 그러나 실제로는 그렇지 않다. 독점만이 그런 영향력을 가진다. 결국 우리는 잘못된 질문에 집중하고 있는 것이다.

우리는 계속 묻는다. "현존하는 경쟁자들을 어떻게 물리칠 수 있을까?" 그러나 사실 이렇게 물어야 한다. "이 시장 어디에서 독점 기회를 창출할 수 있을까? 어떻게, 얼마나 오래 독점을 유지할 수 있을까?"

저 유명한 클린턴(Bil Clinton) 전 대통령의 선거운동 구호를 변형해서, 우리는 스스로에게 각인을 시킬 필요가 있겠다. "문제는 독점이야, 멍청이들아!"

독점의 기술 4
지속가능한 경쟁 우위라는 환상에서 벗어나라.

5
독점만이 가지는 특징

리피터, 코카콜라, 슈퍼볼의 공통점

1986년, 미시건의 앤아버(Ann Arbor)에 있는 연구소에서 일하던 브루스 로스(Bruce Roth)라는 유기 화학자가 아토르바스타틴 칼슘이라 불리우는 화합물을 합성하는 방법을 개발했다. 아토르바스타틴 칼슘은 우리 몸에서 콜레스테롤을 생성하는 데 영향을 주는 HMG-CoA 환원효소 억제제이다. 10년 뒤, 확장 임상 실험을 거쳐 로스가 일하던 의약품의 거물 화이자(Pfizer)는 이 화학물의 특허를 받아 리피터(Lipitor)라는 상품명으로 시장에 내놓았다. 오늘날 전 세계 수천만 명의 환자들이 콜레스테롤을 줄여서 심장마비에 걸릴 가능성을 낮추겠다는 일념으로 매일 리피터를 복용하고 있다.

의약품 산업에서 리피터는 세상에 알려진 블록버스터급 약품이다. 스타틴계라고 알려진 전 세계 여러 종류의 의약품군 시장에서 43%의 점유율을 차지하고 있다. 매년 판매실적이 100억 달러를 넘고, 최소 2009년까지는 이어질 특허 보호에 의해 화이자에 엄청난 수익을 가져다주고 있다.

1886년 5월, 아틀란타의 존 S. 펨버튼(John S. Pemberton)이라는 약사는 콜라 나무 열매에서 추출한 시럽과 코카 나무 잎사귀의 추출물을 함유한 달고 거품이 나는 음료를 개발했다. 그는 이것이 신경마비로 고통받는 사람들에게 유용한 강장제가 될 것이라 믿었다. 펨버튼의 회계사인 프랭크 로빈슨(Frank Robinson)은 그것을 '코카콜라'라고 부를 것을 제안했고, 그 이름을 펜으로 흘겨 쓰는 듯한 필체로 썼다. 그리고 이것이 결과적으로는 전 세계적으로 친숙한 로고가 되었다.

곧 코카콜라(코카 추출물은 빠진)는 신경마비 환자가 아닌 다른 여러 사람들로부터 인기를 얻었다. 코카콜라 회사의 영리한 브랜드 매니저는 자신들의 음료를 '기분 좋게 해주는, 맛있는, 건강에 도움이 되는 음료'라고 명확히 표시했고, 이것은 지금까지도 유지되고 있다. 음료 포장에 있어서도 1915년 등고선 모양의 병으로 신기원을 이룩했고, 1931년에는 브랜드 이미지 표준 프로그램을 통해 그 음료의 홍보 효과를 강화했다. 오늘날 코카콜라는 전 세계에서 가장 강력한 브랜드 파워를 지닌 상표로 인식되고 있으며, 캔이나 병에 담겨 200개국 이상의 셀 수 없을 정도로 많은 소비자에게 별다른 허가 절차 없이 바로 판매되고 있다.

1년에 한 번 늦은 겨울 일요일, 전 세계 몇 백만 명의 시청자가 미식 축구를 보기 위해 텔레비전을 켠다. 슈퍼볼(Super Bowl) 경기를 보기 위해서다. 미식축구 경기장에서 벌어지는 3시간 30분짜리 이벤트들(경기 전후로 있는 셀 수 없을 정도로 많은 인터뷰, 프리뷰, 특별 공연 등과 함께)은 마이더스도 부러워할 정도로 돈을 뽑아낸다. 모든 슈퍼볼 경기는 텔레비전 중계권, 티켓 판매, 상품 판매, 스폰서십, 그 외 다량의 수익원으로부터 수억 달러의 매출을 거둬 내셔널풋볼리그에게 안겨준다.

한편, 방송사도 자신들의 물건을 팔고자 하는 광고주들로부터 거의 수십억 달러에 달하는 돈을 갈퀴로 쓸어 담는다. 물론 미국과 전 세계의 1억 3000만 명이 넘는 관중 및 시청자에게 경기 중계를 서비스하면서 말이다.

사실 역사상 가장 높은 시청률을 기록했던 텔레비전 프로그램 15편 중 9편이 바로 이 슈퍼볼 경기 중계였다.

크고 오래 vs. 작고 짧게

앞서 언급한 세 가지 예시가 보여주듯 독점은 각기 다른 특징으로 다가온다. 그러므로 자신이 보유한 독점이 어떤 특징을 지녔는지 이해해야 한다. 자신이 어떤 종류의 독점을 가지고 있는지 모르는데, 그 가치와 유지 기간 그리고 유지 및 활용 방법을 어떻게 알겠는가? 잘해봐야 효과가 있을 만한 전략을 찾겠다는 희망만 품고 어둠 속을 헤매게 될 뿐이다. 경쟁자들이 시장으로 들어와 자신의 독점을 무너뜨리는 것을 보고 놀라게 될 확률이 더 높다.

독점을 분류하는 방법에는 소유할 만한 영역의 크기와 독점 기간의 길이를 기준으로 나누는 것이 있다. 소유할 만한 영역이 작고 제한된 수의 고객과 며칠 못 가는 기간을 가진 형태부터 영역이 엄청나게 크고, 몇백만 명의 고객이 있는 대륙에서 몇 년 혹은 수십 년간 이어지는 형태까지 나뉠 수 있을 것이다.

2008년 하계 올림픽이 베이징에서 열린다. 베이징은 주 올림픽 경기장에서 그리 멀지 않은 곳에 잘 관리된 주택이나 아파트를 확보한다면, 독점을 가질 수 있다. 입장권을 가진 사람과 취재진 수백 명이 3주간 거주할 곳을 찾아야 하기에 관심을 보일 것이다. 다른 여러 독점과 비교해보면 이는 짧은 기간을 지닌 작은 독점일 뿐이다. 이 경우는 올림픽 경기가 있는 시기에 그 지역에서 말 그대로 '독점지대'를 통해 수익을 얻어야 하는 것이고, 올림픽이 끝나면 아파트의 가치는 그대로 떨어져서 원래 값으로 돌아가게 된다.

인디애나 주 블러프턴의 《뉴스-배너(News-Banner)》를 읽어본 적이 있는가? 인디애나폴리스 시 북동쪽에 위치한 이 도시에는 9536명이 살고 있는데 그중 한 명이 아니라면, 대답은 '아니요'일 확률이 높다. 그러나 이 지역 신문은 확실한 독점이다. 블러프턴에 사는 사람에게 《뉴스-배너》는 주변에서 무슨 일이 일어나고 있는지, 누가 이사 왔는지, 누가 떠났는지, 시의회에서 무슨 일을 계획하고 있는지, 어떤 상인이 세일을 하고 있는지 등 다양한 정보를 제공해주는 유일한 정보 제공 매체이다. 블러프턴이나 그 주변에 위치한 자동차 딜러나, 컴퓨터 판매상, 혹은 식료품 가게 주인에게는 이 신문이 유일하고 믿을 만한 고객과의 접촉 수단인 셈이다. 이 신문의 소유할 만한 영역은 작지만 독점 기간이 50년 이상이다.

전설적인 투자가인 워런 버핏(Warren Buffett)은 지역 사회의 신문이 행사하는 독점의 위력을 잘 알고 있다. 그래서 몇 년 전 버핏은 《워싱턴 포스트(Washington Post)》를 발간하는 회사 지분을 사들였다. 버핏에 따르면, 《워싱턴 포스트》는 연방 정부에 대한 최신 뉴스와 가십거리에 대해 반드시 알아야 하는 독자들을 위한 '프랜차이즈'이다. 누가 들어오고, 누가 나갔고, 도시 주변으로 권력이 어떻게 바뀌는지 등에 민감한 로비스트, 당원, 정당 첩보원, 정당 자문가, 미래의 여론 형성자가 바로 그런 독자다. 미국 전역에 걸쳐 있는 수천 명의 사람들이 이 신문을 구독해야 한다는 뜻이다.

슈퍼볼, 월드컵 축구, 윔블던 테니스 대회, 올림픽 등과 같은 스포츠 이벤트는 블러프턴의 《뉴스-배너》와는 다소 반대되는 예시이다. 이들은 세계적 규모의 대상을 제공하나 독점 기간이 짧다. 하루, 한 주, 혹은 2주 정도 어디에나 있는 팬들의 관심이 그 이벤트에 집중된다. 그러나 그 이벤트가 끝나면 독점은 사라졌다가, 최소한 다음 년도나 4년 뒤가 되어야 다시 나타난다.

명확함 vs. 애매함

독점을 분류할 수 있는 두 번째 방법은 명확함과 애매함으로 나누는 것이다. 소유할 만한 영역과 독점 기간 규정이 잘 정의되어 있는지, 회색 지대처럼 정확히 어디서 시작하고 어디서 끝나는지 불확실하고 모호한지에 따라 구분하는 것이다.

가지고 있는 독점이 특허, 상표권, 저작권에 기반을 두고 있다면 독점 기간은 법적으로 규정되어 있다. 재산을 보호하는 법을 변경할 정도의 영향력이 있는 특수한 경우가 아니라면(디즈니가 이런 경우이다. 미키 마우스의 독점 지위가 위협을 받자, 로비의 영향력을 통해 저작권 보호를 연장했다), 가지고 있는 독점이 언제 끝이 날 것인지 명확히 알 수 있다. 한편, 소유할 만한 영역의 규모가 상당히 애매한 경우가 있다. 특히나 최초 발명가, 작가, 제작자라면, 얼마나 많은 고객들이 시장에 들어오게 될지, 혹은 얼마나 수익을 창출할지 예측하기가 매우 어렵다.

역으로 생각해보면, 벨 시스템이 소유할 수 있는 영역은 분명 정해져 있었다. 미국에 살고 있는 사람이라면 지역에 상관없이 벨 시스템의 독점 범위에 들어갔다(GTE 등 벨 시스템 이외의 전화회사가 장악한 극소수 지역 몇 곳은 예외였지만). 그러나 연방 통신 위원회의 선처에 궁극적으로 의존해야 할 상황이 되자, 그 독점 기간이 애매해졌다. 켐벨 수프의 독점 영역도 마찬가지로 명확하다. 이 회사는 미국 내 모든 슈퍼마켓의 수프 코너를 장악하고 있기 때문이다. 그러나 그 독점 기간이 모호하다. 언제 다른 기업이 갑자기 나타나서 켐벨 수프의 자리를 통째로 가져가 버릴지 아무도 모른다.

리피터의 경우 소유할 수 있는 영역과 독점 기간 모두가 명확히 되어 있다. 리피터가 소유할 수 있는 영역은 높은 콜레스테롤 수치를 지닌, 스타틴계 약물을 필요로 하는 성인층이다. 공중보건 통계 덕에 이 영역이 얼마나 큰 규모인지 상당히 정확하게 측정할 수 있다. 리피터의 독점 기간은 그 제품의 주요 특허가 2009년에 만료되는 때로 정해져 있다. 이때에는 일반 약품 제조사들도 리피터와 동일한 성분인 아토르바스타틴 약을 가지고 시장에 들어올 수 있다.

그럼 스타벅스는 어떨까? 이 경우는 소유할 수 있는 영역과 독점 기간이 모두 애매하다. 소유 가능 영역은 맛 좋은 한잔의 커피에 얼마든 비용을 지불할 수 있는 사람들이다. 그런데 이를 정확하게 수치화할 수는 없다. 지역마다 다르고(정확하게는 매장 위치에 따라) 그 사람들의 개인 소득, 경제 상황, 음료 변화에 따른 맛 등으로 날마다, 주마다, 달마다 그 수요 등락이 거듭되기 때문이다. 스타벅스의 독점 기간도 마찬가지이다. 언제일지, 혹은 그럴 일이 생길지는 모르지만, 스타벅스도 대부분의 매장 주변에서 자신과 대적할 만한 상품을 제공하는 경쟁업체를 마주할 수 있기 때문이다.

자산 vs. 상황

마지막으로 독점은 그 원천과 주요 원인을 기준으로 분류할 수 있다. 이 방식은 두 가지 넓은 범주로 나뉜다.

첫째, 우리가 '자산 독점(Asset Monopoly)'이라고 부르는 것이다. 그 이름이 말해주듯, 이것은 유형의 자산에 기반을 두고 있다. 단 하나의 회사가 제한된 천연자원, 독특한 제품, 신기원적인 기술력, 면허, 특허, 상표권, 저작권, 기타 가치 있는 상품을 통제한다는 의미다.

1934년 남아프리카 공화국의 광산 거물인 어니스트 오펜하이머 경(Sir Ernest Oppenheimer)이 세운 드비어스 다이아몬드 카르텔은 사실상 전 세계 다이아몬드 공급을 완전히 독점하고 있다. 직접적으로나, 혹은 관련 회사를 통해서든 드비어스는 아프리카, 러시아, 호주 등의 광산에서 다이아몬드 원석을 모두 사들여 판매가를 정하고 소수의 사이트 홀더(Sightholder)*에게 판매한다. 사이트 홀더들은 그 다이아몬드를 전 세계에 있는 가공업체, 보석상, 소매상 등에 유통시킨다. 이것은 엄청난 고가의 제품을 생산하고 유통하는 데 한 기업이 절대적인 권한을 행사하는 전형적인 자산 독점 방식이다.

다른 형태의 자산 독점에 대해서도 쉽게 생각할 수 있다. 대부분이 독특한 제품을 기반으로 하고 있기 때문이다. 이미 보았듯 혼다는 뒷좌석 시트가 완전하게 접히는 오디세이 미니밴으로 자산 독점을 보유하고 있었다. 인치케이프(Inchcape)는 영국, 홍콩, 그 외 아시아 기타 지역에서 도요타 독점 유통사로서 자산 독점을 가지고 있었다. 미국에서는 스콜라스틱 북스(Scholastic Books)가 J. K. 롤링(J. K. Rowlin)이 쓴 판타지 소설 『해리 포터(Harry Potter)』의 독점 출판사로서 자산 독점을 보유한다. 이런 사례들에서 우리는 각 기

---

* 세계 최고의 원석 공급업체인 DBGSS(De Beers Global Sightholder Sales)에서 승인한 다이아몬드 원석을 직접 거래할 수 있는 자격을 가진 사람들의 목록을 말한다. _옮긴이

업이 소유하거나 조종할 수 있는 특정 유형 자산을 눈여겨볼 수 있다.

자산 독점의 하위 범주에는 우리가 '브랜드 독점(Brand Monopoly)'이라고 부르는 것도 있다. 이는 한 기업이 강력한 파워를 지닌 브랜드 이미지를 개발해서, 그 브랜드 마크만 빼면 경쟁자들이 파는 것과 다를 바 없는 평범한 물건을 팔 때조차 큰 가격 프리미엄(독점지대)을 붙일 수 있는 상황을 말한다.

앱솔루트 보드카(Absolut Vodk)가 그런 브랜드 독점을 생생하게 보여주는 사례이다. 보드카는 매쉬에서 정제한 천연 증류수로 된 무색무취의 술이다. 보드카는 오렌지 주스, 강장제, 베르무트나 기타 다른 음료와 맛이 섞이기에 칵테일을 만들면서 상품화 가치가 생긴다. 따라서 가장 싼 보드카와 가장 비싼 보드카 사이의 가격 차이는 브랜드 이미지에서 갈리게 된다. 제품에 붙어서 소비자들의 마음속에 인지된 가치를 바꿔버리는 감성, 특성, 생각이라는 무형의 집합체인 브랜드 말이다.

앱솔루트는 브랜드 가치가 만들어지는 과정을 잘 보여준다. 1980년에 창립된 이 회사는 현명하고 우아하며 얼핏 보기에도 놀라운 독특한 시리즈의 광고를 통해, 부자들이 보는 잡지에서 홍보되었다. 이 광고들은 TBWA, 샤이엇(Chiat), 데이(Day)와 같은 광고 대행사에서 제작되었는데, 제품 브랜드 이름으로 다양한 방식의 언어유희를 해 유명해지면서 앱솔루트를 보드카 산업 최고의 자리에 올려놓는 데 공을 세웠다. 그렇게 앱솔루트는 '도시의 세련된 사람들을 위한 보드카'라는 독점 영역을 소유하게 되었다. 보드카를 즐기는 수많은 사람들이 자신이 앱솔루트가 아닌 다른 보드카를 주문한 것을 남이 알게 된다면 당황할 정도가 되었다. 그들 중 거의 절대 다수가 블라인드 테스트를 하면 앱솔루트를 스미노프(Smirnoff)나 길비스(Gilbey's)의 보드카와 구분도 못 할 텐데 말이다.

브랜드 독점인지, 제품이나 기타 유형 자산을 기반으로 한 독점인지가 항상 뚜렷하게 구분되는 것은 아니다. 코카콜라는 브랜드 독점일까, 제품 기반의 독점일까? 아마 둘 다 약간씩 해당될 것이다. 코카콜라 브랜드의 매력은 거부할 수 없을 정도이다. 그러나 코카콜라 또한 어쩌면 유명한 비밀 제조법(회사 임원진 중에서도 소수의 인원에게만 알려진)과 펩시나 다른 콜라 음료와는 최소한 다르다고 느껴지는 그 맛 덕에 탄생한 '독특한 제품'에 의한 독점일지도 모른다.

디즈니는 이와 비슷한 또 다른 예이다. 연구자들은 다른 영화 스튜디오에서 만든 애니메이션에 불법적인 방법으로라도 디즈니 마크를 붙이는 순간 관객 동원률이 크게 상승한다는 사실을 발견했다. 이러다 보니 디즈니 브랜드는 가족 오락 콘텐츠를 조달하는 업자들 사이에서 자신의 제품을 특별하게 만들어주는 가치를 지니게 되었다. 그러나 디즈니의 가치 또한 독특한 일련의 상품들에서 나오는데, 여기에는 고전 영화, 노래, 텔레비전 프로그램, 저작권이 부여된 캐릭터 등이 해당한다.

아마도 코카콜라와 디즈니의 사례에서 얻을 수 있는 교훈은 다음과 같을 것이다. '거대한 수익을 만들어내는 힘은 부단히 공을 들이고 온갖 정성을 다해 육성한 브랜드 이름과 결합한 독특한 제품, 혹은 다른 유형의 자산에서 만들어진다.' 사실상 두 독점이 하나로 기능하는 것이다.

두 번째 범주이자 어쩌면 더욱 흥미로운 주제일 수 있는 것은 '상황에 따른 독점(situational monopoly)'이다. 이는 한 기업이 특정 제품이나 서비스를 고객에 제공할 수 있는 유일한 공급자일 경우에 해당하는 독점으로 시장, 수요, 시간, 위치 등이 복합적으로 작용한다. 이 경우에는 독특한 제품이나 매력 있는 브랜드 이름 때문에 그 독점을 누리는 것이 아니다. 오히려 독점이 존재하는 이유는 단순하다. 그 기업이 딱 필요한 시기에, 필요한 곳에, 필요로 하는 상품이나 서비스를 운영하고 있는 단 하나의 존재이기 때문이다.

예를 들어, 오늘날 독점으로는 잘 인식되지 않는 것을 생각해보자. 여기 한 기업이 있다. 상당히 경쟁이 심한 산업에서 운영되고 있는 곳, 바로 엔터프라이즈 렌트-어-카이다.

피터와 데이브라는 두 친구와 함께 독점에 대한 의견을 나누었다. 피터는 가장 거대한 일용 소비재 회사 중 한 곳의 사장으로 실무 담당자 출신이다. 데이브는 거대 컨설팅 회사의 전략실행부 부장이었다.

"자네가 말하는 독점은 지속가능한 경쟁 우위가 없는데 어떻게 독점이 된다는 거지?" 데이브의 질문에 내가 대답했다.

"수요는 충족되지 않았는데 경쟁자들은 타성에 젖어 있고, 산업 역학에 따라 이런 기회를 현존 기업들이 무시하게 되는 상황이 조합된다면 가능하지."

"그러면 새로운 독점은 우연이라는 거야?" 이번에는 피터가 물어서, 내가 다시 답했다.

"하나의 예시가 그렇다고. 원래 이런 새로운 독점 기회는 현존 기업들이 망각하고 있기 때문에 생겨나는 거야."

데이브는 너무 그럴 듯해서 믿기 힘들다며 예를 들어달라고 했다. 나는 엔터프라이즈 렌트-어-카의 성공 요인이 뭐라고 생각하는지 물었다. 그들이 운영하는 자동차가 독특한 사업 원천이 아닌데 말이다.

"엔터프라이즈 렌트-어-카도 허츠, 에이비스, 내셔널(National) 외 기타 다른 자동차 렌트업체처럼 GM이나 포드에서 다량의 차량을 구매해." 피터가 그것은 잘못된 전제라고 손사례를 쳐서 내가 대꾸했다.

"그러면 렌트비가 다른 회사보다 저렴할까?"

"꼭 그런 건 아니지. 내 아내의 차를 수리해야 할 때 우리는 렌트카를 이용하는데, 그 비용이 에이비스나 허츠 차를 빌릴 때와 비슷해." 데이브의 대답을 듣고 내가 다시 물었다.

"그러면 엔터프라이즈 렌트-어-카가 허츠와 에이비스처럼 광고를 하나? 광고에서 OJ 심슨(O. J. Simpson)이 공항을 뛰어다니는 것을 본 적 있어?"

피터가 엔터프라이즈의 광고를 생각해내는 데는 한참이 걸렸다. 결국 성공했는데, 2년 전 텔레비전에 나온 것이었다. 한 바보처럼 보이는 사람이 갈색 포장지에 싸여 있는 자동차를 보여주는 그런 광고였다.

"그럼 엔터프라이즈가 뭐가 독특할까?" 내가 다시 물었다.

"고객을 데리러 오고 데려다준다는 거지. 내 아내가 렌트하러 갔을 때 보니까 그렇더라고. 빌릴 때는 아내를 태워서 가까운 자기네 영업점에 데려다줬고, 차를 반납했을 때는 집에 데려다줬어."

"그건 좋군." 피터가 끼어들며 말을 이어갔다. "그런데 그걸로 어떻게 독점이 된 걸까? 내가 보기에 자기 차량이 센터에 수리가 들어가 있는 사람들에게 차량 렌트를 해주는 것은 괜찮은 틈새시장 정도밖에 안 될 것 같아."

내가 웃음을 보이며 만일 엔터프라이즈가 북미에서 가장 거대한 자동차 렌트업체가 되었다고 하면, 뭐라고 할 것인지를 물어보자 두 사람은 농담하지 말라고 했다.

나는 농담한 것이 아니었다. 엔터프라이즈는 허츠, 에이비스, 내셔널, 버짓(Budget), 알라모(Alamo), 그 외 기타 다른 회사보다 규모가 더 커져서 60만 대의 차량을 보유하고 있는 60억 달러 가치의 기업이 되었다. 5만 명의 직원에 영업점도 4800곳이나 있고 현재도 수익을 보고 있으며, 그 전에도 항상 그래왔다. 나는 이 사실을 알려주며 말을 이었다.

"이건 나머지 다른 렌트카 회사들 무리의 수치를 다 합친 것보다 커."

그러자 피터와 데이비드 모두 동시에 탄성을 질렀다.

"좋아. 그러면 엔터프라이즈 규모가 큰 것은 알겠어. 근데 독점하고 있는 것은 뭐야?" 피터가 물었다.

곧바로 나는 데이브에게 아내의 차가 정비소에 있을 때 아내가 선택한 렌트카가 무엇이었느냐고 물었다. 데이브는 딜러사의 서비스 매니저가 엔터프라이즈로 보내줬는데, 아내가 다른 렌트카 회사를 보기라도 했는지 모르겠다고 답했다.

"왜 그랬어? 자네는 허츠의 넘버원 클럽 골드 멤버잖아, 안 그래? 그런데 왜 그 멤버십을 사용하지 않고 아내가 다른 업체를 선택하도록 둔 거지?" 내가 또다시 묻자 데이브가 대답했다.

"그게 우선, 가장 가까운 허츠 매장이 우리 집에서 16킬로미터 정도 떨어져 있는 공항에 있어. 그러니까 아내는 허츠로 가려면 택시를 타야 했을 거야. 그 택시비를 렌트카 비용에 추가한다 치면, 허츠는 너무 비싸고 너무 번거로운 선택지가 되는 것이지."

"그럼 다른 선택지가 없던 거네?" 이어진 내 질문에 데이브가 다시 대답했다.

"그래, 맞아. 아내가 차를 빌려야 할 때만큼은 엔터프라이즈가 상당한 독점을 갖게 되는구나."

이것은 엄청난 독점이다. 특히나 눈에 띌 만한 지속가능한 경쟁우위가 없는 그런 회사에게는 말이다.

결론

엔터프라이즈의 독점은 고객이 처한 독특한 상황에서 기인한 것이다. 엔터프라이즈는 여행자가 아니지만 자신의 승용차에 문제가 있어 대차가 필요한 상황인 고객에게 렌트카 차량을 제공한다. 뻔한 이야기로 들리겠지만 이것이 그들의 독특한 상황이다. 만일 엔터프라이즈가 하는 방식으로 렌트카를 제공해주는 업체가 대여섯 곳이 있다면 이것은 그다지 재미를 못 보는 비즈니스가 될 것이다. 그러나 엔터프라이즈가 정확히 이런 대상에게만 영업을 하는 유일한 회사이기에 수익이 상당하다.

브랜드 독점을 포함한 자산 독점은 알아보고 이해하기가 상대적으로 쉽다. 우리가 만질 수 있거나 느낄 수 있는 것, 혹은 독특한 제품, 동경할 만한 브랜드처럼 감정적인 것을 기반으로 하고 있기 때문이다. 상황적인 독점은 자산 독점보다 더욱 복잡하고 미묘하다. 그러나 오늘날처럼 경쟁이 매우 심한 환경에서는, 자산 독점보다는 이런 상황적 독점을 찾아서 이용할 수 있는 기회가 더 많다. 더구나 그 복잡성과 미묘함으로 인해 상황적 독점을 발견하기가 어렵기 때문에 경쟁자의 도전을 막는 데도 도움이 될 것이다.

이 장의 주제를 다시 한번 짚으며 독점 특징에 대한 이야기를 마치겠다. 자신이 소유한 독점의 성격을 정확히 이해하는 것이 굉장히 중요하다. 그렇지 않으면 그 독점, 혹은 기업 자체를 붕괴시키는 전략적 실수를 범할 가능성이 있다.

1990년대 중반, NCR은 데이터 저장 분야에서 독점을 누렸다. 하지만 불행히도 이 회사의 경영진은 그 독점의 원천을 잘못 이해했다. 자신들이 우월한 기술력에 바탕을 둔 자산 독점을 가지고 있다고 생각했던 것이다. 실상은 NCR의 기술력이 고객들에게 해줄 수 있는 것이 무엇인지를 아는 영업사원들이 주도한 상황적 독점이었는데 말이다. 1997년과 1998년, NCR은 비용을 줄이는 방법을 찾아야 하는 압박에 시달렸다. 독점의 원천이 무엇인지 망각한 채,

경영진은 영업사원들을 비용 절감의 목적으로 해고했다. 경쟁사들이 해고된 영업사원들을 모두 스카웃했고, 그 과정에서 당연하게도 NCR의 상황적 독점은 무너졌다.

이 책 후반부에서는 소유한, 혹은 소유하고자 하는 독점을 분석하는 방법에 대해 이야기할 것이다. 지금은 독점을 만들어내고 보호하는 것에 도움이 되는 일종의 방벽을 살펴보도록 하자.

독점의 기술 5

**독점의 원천이 무엇인지 고민하라.
기술과 자본은 독점의 원천이 아니다.**

6
독점을 보호하는 방벽

가장 강력한 형태의 독점은 넘을 수 없는 방벽 울타리를 소유할 만한 영역 주변에 치는 것이다. 이러면 경쟁자들이 그 영역에 접근해서 독점을 무너뜨리기가 어렵다. 비용이 많이 들거나 시간 소모가 심하거나, 심지어 불법을 저질러야 할 수도 있기 때문이다.

넘을 수 없는 방벽에는 기본적으로 세 가지가 존재한다. 규제가 이루어지는 피난처, 정복하기 어려운 기술을 바탕으로 한 기술 안식처, 고객 요구 사항 및 시장 상황에 기반한 '고객 섬'이다. 독점 자산이 이 세 가지 방벽 중 하나를 만들어내야 효과를 볼 수 있다.

규제와 로치 모텔* 규칙

규제가 이루어지는 피난처, 즉 규제적 방벽으로 시작해보자. 이는 독점 영역을 자연스럽게 만들어내는 확실하고 절대적인 방법이다. 특허, 상표, 저작권, 전용 라이선스, 명백한 규제 등은 소유할 만한 영역에 접근하기 어려운 확실한 방벽을 생성한다. 특허가 있으면 경쟁자들이 디자인이나 기술을 베끼지 못한다. 법으로 허용되지 않거나 허가받지 않은 모방제품을 수입해 올 경우 불법이 된다. 특허는 가장 빠르고 가장 거대한 형태의 독점이다. 벨 텔레폰 시스템, 제록스, 폴라로이드(Polaroid), 여러 처방전 의약품들이 이에 해당된다.

상표권과 저작권은 브랜드 이름과 책, 노래, 음악과 같은 지적 재산권을 보호한다. 전용 라이선스의 경우 시장에서 가치 있는 영역을 보호한다. 마치 코카콜라나 다른 포장된 제품, 혹은 브랜드 상표가 붙은 제품을 특정 도시나 국가에 팔 수 있는 독점권 같은 것이다. 명백한 규제는 정부가 소유하거나 관리하는 회사가 운영하는 특정 사업이나 시장에 다른 회사가 접근하지 못하게 하고, 이런 규제도 결국엔 넘을 수 없는 방벽이 된다.

---

* 바퀴벌레 잡는 끈끈이를 일컫는다. _옮긴이

반면에 덜 명백하고 잘 알려지지 않은 규정도 있는데, 이것들은 사기업들에 의해 만들어지는 경향이 있다. 이런 규정은 독점을 보호하려는 목적으로 방벽을 세우는 데 도움을 주는 역할을 한다. 그런 사적 규제의 한 예가 있다. 바로 뉴욕증권거래소(NYSE, New York Stock Exchange) 규정 500조로, 다소 혐오스럽게도 '로치 모텔(Roach Motel) 규칙'이라는 별칭으로 알려져 있다. 나는 이 용어를 내 친구인 알 버클리에게 들었다. 버클리는 나스닥 증권 시장의 사장이자 CEO 출신이다. 이 규칙은 나스닥과의 계속되는 경쟁 속에서 뉴욕증권거래소를 보호하는 강력한 방벽이다.

"뉴욕증권거래소는 경쟁을 믿지 않고 원하지도 않아. 경쟁을 막는 방법으로 길게 가기만을 원하지." 버클리가 한 말이다. "로치 모텔 규칙은 뉴욕증권거래소의 독점이 온전하게 유지되도록 하는 방법 중 하나야. 규칙에 따르면, 뉴욕증권거래소에 상장된 회사가 나스닥이나 다른 증권 거래소로 옮기길 원한다면 반드시 언론에 발표를 해야 하고, 대주주 상위 25명에게 공지를 한 다음에 이사회 전원과 이사진의 감사 위원회로부터 승인을 받게 되어 있어.[*]"

버클리가 결론을 내렸다. "자네나 나나 지금 이런 조건들을 맞추는 일은 사실상 불가능하다는 것을 알지. 그 규칙의 진짜 의미는

---

[*] 이 내용이 담긴 500조는 1999년에 추가된 버전이다. 1930년대에 만들어진 그 이전 버전은 훨씬 더 까다로웠다.

회사가 한번 뉴욕증권거래소에 등록을 하면 거기에 묶인다는 거야. 마치 로치 모텔의 옛날 광고 카피처럼 말이지. '바퀴벌레님, 체크인하세요. 하지만 체크아웃은 못 합니다'처럼 말이야."

기술 안식처

정복할 수 없는 기술 안식처는 독점 방벽의 두 번째 원천이다. 기술이 베끼기가 너무 어렵거나, 불법으로 베꼈을 경우 금전적으로나 다른 형태의 위험이 있을 때 그 소유할 만한 영역은 기술 안식처의 보호를 받게 된다.

1880년대 중후반부터 제1차 세계대전까지 40년간, 독일의 화학회사들은 염색약품과 페인트 제품을 장악하고 있었다. 이렇게 함으로써 기술적 방벽을 만들고 체계적인 특허를 통해 방벽을 공고히 했다. 경제학자 아시시 아로라(Ashish Arora)가 설명했듯, 바이엘(Bayer), BASF, 헥스트(Hoechst), IG 파벤(IG Farben) 등 독일의 화학약품 회사들은 다양한 아이디어에 특허를 넘으로써 잠재적, 혹은 실질적으로 경쟁 위치에 있는 신규업체들이 시장에 들어오는 것을 막았다.[**] 또한 거래 기밀을 유지함으로써 잠재적 경쟁자들이

[**] Ashish Arora, "Patents, Licensing, and Market Structure in the Chemical Industry," Research Policy, Elsevier, vol. 26(4), pp.391-403

시행착오를 반복적으로 겪고 큰 비용을 소모하게끔 하였다. 그와 동시에, 직원들이 경쟁자나 신규업체가 될 사람들과 협업하는 것을 금지했다. 이로 인해 올바른 온도와 압력의 조합, 특정 작업을 수행해야 할 시점, 촉매제의 사용 등과 같은 제조와 관련된 매우 중요한 정보가 누설되지 않고 잘 지켜졌다.

결과는 어땠을까? 세계대전이 발발하고 나서야 그런 독일의 독점이 종결되었다. 제1차 세계대전에서 독일이 패망한 이후 연합국은 전쟁 배상금 명목으로 그들의 특허를 몰수했고 그로 인해 듀퐁(Dupont)이 염색약품 비즈니스에 들어갈 수 있었다. 그렇게 되었다 하더라도, 듀퐁은 몰수한 헥스트 시설을 이용할 수 있는 영국 회사와 협력해야 했고, 이런 염색약품에 능숙한 자문가도 고용해야 했다. 듀퐁은 당시 꽤 큰돈이었던 1100만 달러를 이미 염색약품 사업 능력을 강화하기 위해 투자했지만, 그 외의 비용을 또 써야 했다.

이와 유사한 기술 안식처는 흔하다. 예를 들어, 라이카 카메라 제조사 라이츠(Leitz), 칼 자이스(Carl Zeiss), 슈나이더 크루나츠크(Schneider Kreuznach), 이 세 독일 제조업체는 광학유리 전문 제조업체인 쇼트 AG(Schott AG)와 함께 고성능 광학기기에 대한 기술 안식처를 만들었다. 기술 안식처를 만든 가장 큰 이유는 이런 분야의 기술 상당수가 영업 기밀로 유지되어 다음 세대에게 조심스럽게 물려주는 것이었기 때문이다. 어느 기업의 임원이 내게 말했듯이 독일 근로자들은 손끝에 뭔가 특별한 것이 있다. 그 결과 독일 회사들은 컴퓨터 렌즈 분야의 기술력 부족에도 불구하고 이런 기술 안식처를 통해 고성능 광학기기만 취급하는 틈새시장을 장악할 수 있었다.

시카고에 위치한 90년 된 기업인 유니버설 오일 프로덕트(UOP, Universal Oil Products)는 석유 정제와 석유화학 가공 기술을 통해 상당한 규모의 기술 안식처를 구축했다. UOP 성공의 핵심은 특허 목록이다. 그러나 이에 못지않게 중요한 것은 특허가 붙지는 않았지만 베끼는 데 엄청난 비용이 드는 석유 가공 전문지식을 UOP가 가지고 있다는 사실이다. 석유화학 단지 시설에 10억 달러를 투자한다고 하면, 테스트되지도 않고 검증되지도 않은 기술을 사용하려 하지는 않을 것이다. 설사 비용을 약간 아낄 수 있는 상황이라도 말이다. 이럴 때 UOP의 가공 기술을 이용할 수 있다. 그리고 물론 UOP에 그 사용료를 지불해야 한다.

외딴 고객 섬

마지막으로, '고객 섬(customer islands)'을 만들어내는 방벽 덕에 존재하는 독점이 있다.

약 15년 전, 짐 샤프라는 한 기업 간부의 전화를 받은 적이 있다. 짐은 몬산토(Monsanto)*의 부장이었다. 그의 부서는 열전달 유체를 만드는 일을 맡고 있었다. 이것은 플랜트 내 한 부분에서 다른 부분으로 열을 전달해주는 부드럽고 끈적거리는 당밀과 같은 화학품으로, 아스팔트 제조와 플라스틱 몰딩에서부터 식품 가공까지 여러 영역에서 사용되는 물질이다. 짐이 말했다. "우리 산업의 경쟁 상황에 대한 데이터가 더 필요합니다. 우리가 업계 최고이고 다우(Dow Chemical)가 둘째라고 알고 있어요. 각각의 시장 점유율이 40%와 20%라고 하는데, 이를 객관적으로 확인해줄 사람이 필요합니다. 종합 설문을 실시해서 발견 사항을 알려주세요."

나는 동료들과 약 1만 명의 열전달 유체 사용자들에게 전화를 걸어야 했다(너무 많이 건 것 같은데, 여기에 대해선 말하지 않겠다). 3개월 뒤, 나는 몬산토의 회의에 참석했다. 거기에는 짐과 그의 동료들이 최종 보고를 듣기 위해 기다리고 있었다.

내가 발표했다. "여러분, 좋은 소식과 나쁜 소식이 있습니다. 좋은 소식은 여러분의 시장 점유율 수치 측정이 정확했다는 겁니다. 업계 최고의 회사가 시장 점유율 40%를 차지하고 있는 반면 2등 업체는 20%만 차지하고 있습니다."

---

* 미국 미주리 주 세인트 루이스에 본사를 둔 다국적 생화학 제조업체이다.

짐이 활짝 웃어 보였다. 마치 "내가 그랬잖아"라고 하는 것처럼 말이다. 하지만 그렇게 말하지 않고 물었다. "나쁜 소식은 뭔가요?"

"나쁜 소식은 다우가 1등 업체이고 몬산토는 2등이라는 겁니다."

짐과 그의 동료들은 눈 뜨고 코 베이듯 시장 점유율을 빼앗긴 데 대해 실망감을 감추지 못했지만, 이내 정신을 차리고 어떻게 그런 일이 생긴 것인지 물었다. 운 좋게도 조사 과정에서 그 해답을 찾았다. 몇 년 전, 몬산토는 열전달 유체의 최고 공급업체였다. 그러나 과거 10년 동안 다우 케미컬은 이런 시장 점유율을 잠식해 들어갔다. 몬산토와 직접적인 경쟁관계에 있는 자신들의 제품을 광고나 마케팅으로 알린 것이 아니었다. 대신 화학 공학을 가르치는 국내 유수 대학의 학생들에게 체계적으로 접근해서 환심을 샀다. 다우는 무료로 화학약품을 제공했고 열전달 원리를 상세히 설명하는 핸드북을 함께 제공해줬다. 당연히 그 핸드북에 있는 모든 사례와 예시는 다우썸(Dowtherm)이라는 다우 브랜드가 붙은 열전달 유체를 사용한 내용들이었다.

그 결과 다우는 교육, 습관, 사용 패턴, 지리적 위치, 혹은 브랜드에 대한 충성심 등으로 하나의 고객 섬을 만들었다. 즉, 상당히 충성도가 높은 고객들을 자신만의 시장에 가둬두게 된 것이다. 다우의 고객 섬은 새롭게 졸업한 디자인 엔지니어들로 구성되어 있다. 이런 졸업생들이 사업에 참여해서 점차적으로 그 분야의 점유율을 늘려가는 것이다. 신규 플랜트를 설계하는 엔지니어에게 어떤 열전달 유체를 사용할지 정하라고 하면 언제든 이렇게 말할 것이다. "어떤 등급의 다우썸이 효과가 있는지 봅시다." 몬산토의 제품은 거의 고려조차 되지 않는다는 것이다. 다우는 핵심 의사 결정자를 보유했다. 바로 고객 섬에 묶여 있는 모든 엔지니어들이다.

강력한 독점은 고객 섬, 즉 해당 제품이나 서비스를 제공해주는 다른 업체들이 있음에도 유독 한 업체에만 집착하는 거의 광신자적 집단에 기반한 경우가 많다. 윈도우즈 컴퓨터가 여러 가지로 비판을 받는 디자인, 음악, 영화, 광고, 그 외 기타 '창의적' 산업을 포함한 컴퓨터 분야에서, 애플은 이런 고객 섬을 가지고 있다. 이와 마찬가지로, 비슷한 기능들을 PC나 다른 기기로 쉽게 처리할 수 있음에도 아직도 휴렛팩커드의 HP-12C 계산기에 충성하고 있는 몇천 명의 경제 분석가들도 있다.

소매상에서는 탈봇(Talbot's)과 노드스트롬(Nordstrom's)이 여전히 고객 섬, 즉 다른 소매상으로 갈아타기를 무척이나 어려워하는 충성 고객 그룹을 보유하고 있다. 아메리칸 에어라인 VIP 멤버들처럼 마일리지가 많이 쌓인 항공기 이용객들도 고객 섬을 형성한다. 이들은 피치 못할 사정이 있을 때에만 다른 항공사를 이용한다. 석고판 미장이들은 USG의 쉬트락 석고 화합물에 대해 극단적으로 충성적이다.

어떤 고객 섬은 뚜렷하게 정해져 있다. 오랜 기간 동안 미드웨스트 익스프레스(Midwest Express)는 밀워키에서 출발하는 항공 여행객들을 사실상 자신의 고객 섬에 가둬뒀었다. 미드웨스트 익스프레스만이 밀워키에서 가장 인기 있는 목적지까지 가는 직항 서비스를 제공하기 때문이기도 했다. 하지만 미드웨스트 익스프레스의 서비스에는 일종의 아우라(aura)가 있었다. 몇 년간, 여행 및 레저 잡지에서 실시한 설문에서 미드웨스트가 양쪽 2열 시트 배정, 가죽 재질의 시트, 훌륭한 기내식, 우수한 승무원 서비스 등으로 1위로 평가받았다. 그 결과 밀워키는 그 자체가 '미드웨스트 익스프레스 섬'이 된 셈이었다.

독특한 제품 디자인 또한 고객 섬을 형성할 수 있다. BMW와 포르쉐는 자신들의 자동차 디자인을 기반으로 한 고객 섬을 가지고 있다. 둘 다 수익이 괜찮다. 비록 BMW의 섬이 포르쉐의 것보다 훨씬 크긴 하지만 말이다. 샤넬(Chanel), 루이비통(Louis Vuitton), 코치(Coach), 버버리(Burberry), 구찌(Gucci), 그 외 다른 패션 브랜드도 자신들의 독특한 디자인, 혹은 높은 인지도와 함께 유행을 선도하는 스타일로 고객 섬을 만들어왔다. 할리데이비슨은 그 디자인과 독특한 엔진음 '할리 사운드(이건 사실상 특허도 있다)'로 주요 광신도

들을 만들었다.

멋지게 설계된 '전환 비용' 때문에 고객들은 그 고객 섬을 떠나고 싶어 하지 않게 되고, 그럼으로써 고객 섬은 더욱 공고해진다. 카메라 제조업체인 라이카(Leica)나 핫셀블라드(Hasselblad)는 높은 전환 비용을 통해 몇 년간 강화된 고객 섬을 즐겼다. 고객들이 라이카나 핫셀블라드 카메라에 투자를 하면 할수록, 그 제품에 대한 충성심을 버리고 니콘(Nikon)이나 그 외 타사 제품을 새로 사는 비용은 더 커지게 된다.

판매자와 구매자 간 상호작용을 통해 제품의 가치가 커지면, 고객 섬은 경제학자들이 말하는 '네트워크 효과(Network Effect)'로 이어질 수 있다. 네트워크 효과는 사실상 넘을 수 없는 방벽을 소유할 만한 영역 주변에 칠 수 있다. 제품 판매 및 경매 온라인 1위 업체인 이베이(ebay)를 보라. 이베이의 인기는 네트워크 효과의 스노우볼 현상을 만들어낸다. 즉, 이베이가 특정 범주에 있는 상품의 구매자를 더 많이 끌어들이면 그만큼 그 물건을 팔려는 딜러나 개인은 실질적으로 이베이에 목을 맬 수밖에 없게 된다. 거의 모든 야구 카드 판매상들이 이베이에 광고를 하기에 야구 카드를 사는 데 관심이 있는 사람들은 이베이를 방문할 수밖에 없다. 이 패턴은 반복된다. 이 상태로 어느 정도 시간이 지나자 이베이는 인터넷상 수집품 판매에 대한 준독점을 갖게 된 것이다.

네트워크 효과는 여러 독점을 만들어내는 데에도 일조한다. VHS 비디오테이프는 소니 기술력의 최고봉인 베타맥스(Betamax)를 넘어 시장을 차지했다. 바로 그 작은 시작을 이끌며 자라난 네트워크 효과 때문이었다. 비디오테이프 재생기를 발명한 처음 몇 년간 베타맥스보다는 VHS로 볼 수 있는 프로그램들이 많았다. VHS에 대한 시장이 그만큼 더 컸기 때문이다. 결국 이 사실로 인해 더 많은 사람들이 VHS 재생기를 구매하게 되었고, 그에 따라 프로그래머들이 더 많은 VHS 테이프를 제작하게 되었다.

이와 비슷한 방식으로, 윈도우즈에는 그 프로그램으로 만들어진 파일들이 넓은 호환성이 보장된다는 매력이 있다. 네트워크 효과로 강화된 독점은 거의 난공불락의 요새가 될 수 있다. 이는 잘 설계된 방벽이 (모든 업무 관리자들이 원하는) 오래 유지되는 고수익의 독점을 만들어내는 위력을 보여주는 극적인 사례이다.

독점의 기술 6

독점을 차지했다면 그다음은 방벽을 쳐야 한다,
어떤 방벽이 도움이 될지는 각각의 독점 상황에 달려 있다.

7

신경쟁과 상황적 독점의 부상

자산: 독점의 과거

우리가 봐왔듯, 상황적 독점을 보유한 기업은 독특한 브랜드나 독특한 제품, 혹은 다른 특성이 없다. 독점을 보유할 수 있었던 것은 독점을 만들어내는 상황이 있었기 때문이다. 스타벅스는 다른 경쟁 기업들과는 달리 꾸준하고 좋은 맛의 커피를 만들어내는 상황에 자본을 집중시키면서 상황적 독점을 소유했다. 포장 커피 판매사들은 커피를 캔에 담아 판매하는 것에 너무 몰두했다. 동네 커피숍은 돈이 없거나 그 세력을 전국적으로 적극 확장하려는 선견

지명이 없었다. 스타벅스는 사업을 시작하면서 가치가 있어 보이는 모든 것에 잠재된 독점을 활용했다.

내가 조사한 바에 따르면 앞으로 이런 상황적 독점이 점차 중요해질 것이고, 심지어 전통적인 자산 기반의 독점의 자리를 빼앗는 그런 힘까지 얻게 될 것이다. 다른 말로 하면, 그런 상황을 찾는 것이 새로운 기술에 투자하거나, 새 상품을 만들거나, 강력한 브랜드를 구축하거나, 혹은 비용을 줄이는 것만큼이나 중요해질 것이라는 뜻이다. 이것은 지금껏 경영자들이 거의 알아차리지 못한 비즈니스의 큰 변화이다.

세대를 거치면서 사업주들은 지속가능한 경쟁 우위를 제공해줄 것이라는 희망을 담아 독특한 자산을 만들어내는 데 열을 올렸다. 이들은 부족한 천연자원을 통제하거나 기업 입지를 선택하려 노력했고, 강력한 대규모 시장 브랜드를 구축하려 했으며, 독특한 제품이나 등록 상표에 필요한 기술력을 개발했고, 규모의 부를 생성하기 위한 거대 플랜트를 세웠다. 또한 저비용의 공급자가 되리라는 희망을 가지고 운영 효율성을 향상시키는 데 집요할 정도로 집착했다.

간혹 이와 같은 자산들이 독점을 창출하고, 거기서 나오는 거대 수익을 내는 데 도움이 되었다. 시어스(Sears)는 1950년대와 60년대 미국 대형마켓 소매상의 상징과도 같은 브랜드가 되었다. 새롭게 성장하는 미국 교외 지역에서 소매점이 들어설 만한 가장 이상적인 위치의 부동산을 보유하고 있었던 것이 가장 큰 이유였다. 컴팩은 일련의 혁신적인 제품들 덕에 《포춘(Fortune)》 선정 500대 기업에 들어갔다. 허츠와 에이비스는 거대한 규모와 강력한 브랜드를 개발했다. 유나이티드, 아메리칸, 델타와 같은 메이저 항공사들은 대도시 거점 노선 운항 네트워크와 강력한 브랜드를 만들었다.

그러나 요즘은 여러 산업에서 경쟁이 심화되고, 독점 자산이 높은 수익을 내는 효과를 잃고 있다. 동시에 같은 산업에서 같은 강도의 경쟁을 마주하면서 상황적 독점을 지닌 회사들이 번성하기 시작했다.

시어스조차 소매 사업에서 고전했지만, 월마트는 꾸준히 성장해서 최근 연 매출이 2500억 달러에 이르게 되었다. 현재 컴퓨터 산업계에서는 전자제품 제조사인 델이 경쟁업체와 시장 점유율 모두를 잡아먹은 상황이다. 과거의 상징 브랜드인 컴팩은 이제 역사 속으로 사라졌다. 엔터프라이즈 렌트-어-카는 북미에서 가장 많은 렌트 차량을 보유하고 있고, 해당 산업에서 아마도 가장 많은 수익을 내는 기업이 되었다. 사우스웨스트와 제트블루는 메이저 항공사라 불리우는 기업들보다 훨씬 더 많은 수익을 내는 거대 항공 서비스를 만들었다.

코닥, 신경쟁을 마주하다

150년 전 산업혁명 이후 가장 고통스러운 경제 변화인 신경쟁 시대가 부상하면서 방어법에 변화가 생겼다. 모든 것이 예측이 안 될 정도로 빠르게 변하고 있으며, 종종 완전히 예상에서 벗어나기 도 한다.

지구촌화로 인해 거대한 새로운 시장이 열리고 여러 강력한 경 쟁자들이 새롭게 나타나고 있다. 또한 지구촌화를 통해 기능, 공정, 기술 등이 전 세계로 전파되고 세계 어느 곳에서나 회사들이 제품 의 특징, 디자인, 심지어 불법이든 합법이든 기술 전체까지 쉽게 베 낄 수 있다. 거대 바이어들의 영향으로 제품 가격은 내려가고 있다. 이 바이어들이 중국, 인도, 브라질과 같은 개발 도상국의 열렬한 저 비용 공급자들에 힘입어 여러 산업에서 가치의 관계를 바꾸고 있 다. 마지막으로 소비자들의 요구 사항도 서부의 나이가 든 인구와 늘어나고 있는 동부의 수많은 젊은 소비자들로 인해 전에는 볼 수 없던 방식으로 변하고 있다.

이런 불안정한 환경에서 전통적 자산 독점은 커다란 약점이 된 다. 브랜드를 세우거나, 신제품을 개발하거나, 기술을 상용화하는 데는 시간이 걸린다. 그러나 시간을 들여 브랜드, 제품, 혹은 기술 이 준비가 되어도 그 사이에 산업 상황, 경쟁 구도, 혹은 소비자 요구 사항이 변할 가능성이 있다. 자산에만 집중하는 옛날 형태의 기업은 마치 덩치가 크고 느릿느릿한 미식 축구선수가 어느 날 갑자기 축구 경기장 한가운데 서서 축구를 하는 것과 다름없는 상황이다. 미식축구 선수는 축구 규칙을 모르고 득점 기회를 어떻게 파악하는지도 모르며, 그의 거대하고 무지막지한 힘은 자산이 아니라 짐이 되어버린다. 신경쟁이 과거의 독점을 황폐화한다는 사실에 의심의 여지는 없다.

코닥을 보자. 거의 한 세기 동안, 코닥은 미국 필름 산업 그 자체였다. 코닥은 기술을 좌우했고 믿을 수 없을 정도로 놀라운 규모와 브랜드의 이점을 누렸다. 대부분의 미국인들에게(그리고 전 세계 소비자들에게도) 밝은 노란색 종이 박스에 들어가지 않는 사진기 필름을 생각할 수 없을 정도였다.

그러나 지난 15년 동안, 코닥의 자산 기반 독점은 흔들리기 시작했다. 첫째, 후지필름이 미국 시장에 진출해서 진정한 가격 경쟁이 시작되었다. 후지필름은 아그파-게베르트(Agfa-Gevaert), 일포드(Ilford), GAF, 폴라로이드와는 다르게 코닥의 전통적인 경쟁자였다. 코닥과 마찬가지로 후지는 수직 통합형 기업*이고, 기술적으로도 뛰어났으며, 확보하고 있는 거대한 국내 시장에서도 이점을 누리

---

* 원자재 자체 조달부터 완제품까지 모두 다루는 기업을 말한다. _옮긴이

고 있었다. 게다가 후지는 첨단 기술력을 갖춘 카메라 제조사와 사업관계를 가졌던 반면, 코닥은 그러지 못했다. 이런 자산으로 후지는 지금까지 코닥이 상대해본 적이 없었던 가장 위력적인 적수가되었다.

그 결과, 코닥의 전형적인 고객인 동네 작은 가게들과 사진관들을 월그린, 크로거(Kroger), 퍼블릭스(Publix), 그리고 나중에 다룰 월마트에게까지 빼앗기기 시작했다. 이로 인해 코닥은 늘어나는 비용과 줄어드는 수익으로 압박을 받았다. 그리고 1990년대 후반 디지털 카메라가 등장하면서 심각한 타격을 받게 된다. 디지털 카메라의 등장으로 인해 코닥의 전통적인 비즈니스 모델인 필름 판매, 사진 인화, 필름 현상이 필요 없어진 것이다. 코닥은 디지털 세계에서는 내세울 만한 자산이 없었다. 특별한 소프트웨어도, 디지털 카메라 제조와 관련된 기술도, 다른 디지털 사진기에 들어가는 센서나 전자부품 등에 대한 특허권을 주장할 수 있는 제품도 없었다. 코닥이 이런 신경쟁에서 돈 버는 방법을 찾으려 부단히 애쓴 건 당연한 일이다.

세계 음악 산업도 신경쟁이 어떻게 예전의 독점을 파괴하는지 보여주는 또 하나의 사례이다. 1999년 음악 산업은 순조롭게 나아갔다. 판매 실적과 수익이 1980년 이후로 상당히 괜찮게 성장했고 오디오 CD가 등장하면서 판매량은 최대 410억 달러에 이르렀다.

그러던 1999년 6월, 션 패닝(Shawn Fanning)이라는 노스이스턴 대학의 십 대 학생이 냅스터(Napster)라는 온라인 음악 공유 서비스를 시작하게 된다.

그 후로 음악 비즈니스는 결코 예전과 같을 수 없었다. 소비자들은 개당 16.95달러에 달하는 CD의 원가가 1달러도 안 된다는 사실을 알았다.* 또한 파일 공유를 통해 한 앨범에서 듣고 싶은 2~3개의 노래만 다운받을 수 있다는 것도 알게 되었다. 이러면 그 앨범에 끼워 넣은 듯이 들어가 있는 노래 10개 정도를 굳이 함께 가지고 있을 필요가 없다. 인터넷을 통해 음악 교류가 매우 쉬워지면서 음악 구매자들에게는 어느 날 갑자기 음반업체의 음악 독점을 우회할 수 있는 수단과 동기부여 그리고 기회가 생겨난 것이다. 그 결과, 세계 음악 판매량은 4년간 매년 하락했다. 2003년 매출액이 310억 달러였는데, 이는 1999년 최고치를 찍었던 수치에서 20% 이상 하락한 것이다. 매출액 이익이 붕괴되었고 주요 음반 회사들은 합병되었으며, 몇몇 음악 소매상들은 파산 신청을 하기에 이르렀다.

---

* 물론 가수나 작곡가에게 가는 로열티는 뺀 금액이다.

상황: 독점의 미래

만일 코닥과 음악 산업이 독점의 과거라면 PC 산업은 현재의 악몽이다.

치열한 경쟁과 빠른 기술의 보급 덕에 오늘날 PC 산업에서 돈을 벌기는 매우 어려워졌다. 모든 PC 제조사들이 동일한 부품을 똑같은 공급처로부터 사들이고 똑같은 외주 제조업체를 이용하며, 동일한 판매 루트를 통해 동일한 소비자들에게 판매한다. 이렇게 해서 새로운 디자인, 새로운 기능, 새로운 마케팅 방식, 새로운 가격(보통 더 낮은 가격)이 산업 전반에 빠르게 물결쳐 들어와 독점을 위한 자리를 만들기가 사실상 불가능해진 것이다.

결과적으로 이제 PC 비즈니스나 그 주변에서 큰 수익을 올리는 업체는 자신들의 기술에 기반한 자산 독점을 가지고 있는 마이크로소프트와 인텔(Intel), 광적으로 충성하는 마니아들로 구성된 거대한 고객 섬을 지닌 애플, 상황적 독점을 지닌 델뿐이다. 또 앞으로 다가올 10년은 이런 상황적 독점의 황금기가 될 가능성이 높다는 것이 사실이다.

신경쟁의 강력한 압박으로 인해 대다수의 산업에서 자산 독점을 유지하는 것이 거의 불가능해졌다. 경쟁관계에 있는 전 세계 기업들은 서로 간의 움직임을 주시하고 있고 제품, 디자인, 기술을 예고도 없이 베껴갈 기회만 노리고 있다. 그러나 모든 기업의 관리자들이 그런 경쟁만 자세하게 관찰하고 있기 때문에, 아주 명백한 상황적 기회를 망각할 수 있다.

자동차 렌트업계를 보자. 초창기에는 허츠, 에이비스, 내셔널이 모든 공항에 자리를 독점하고 있을 정도였다. 자신들의 카운터가 있고 사무실이 있으며, 네트워크도 있었다. 이런 강력한 자산들을 구축함으로써 고객들의 충성심을 붙잡아 둘 수 있는 추가적인 유인책이 생겨났다. 즉, 더욱 다양해진 프로그램, 더 빨리 처리되는 프로그램, 여행객들에게 할인을 제공하는 프로그램 등이었다. 경쟁이 가열되면서 그 시장에 진입한 다른 렌트카 회사들은 이런 주요 업체들의 활동을 따라 하기 시작했다. 자신들의 카운터 공간을 공항에 설치해달라고 요구했고, 고객들에게는 자신들만의 로열티 프로그램을 제공했다. 그러자 렌트카 회사들 사이의 차이점이 모호해지면서 경쟁은 무차별화로 이어졌다.

아이러니하게도 그들 모두가 서로 감시하는 데 열중하고 상대가 만들어놓은 유형의 자산을 모방하다 보니, 엔터프라이즈 렌트-어-카가 대차용 렌트 시장을 점령하는 상황적 독점이 생겨난 것을 놓쳤다.

다른 산업에서도 경쟁이 늘어나면서 앞으로 이런 형태의 결과가 나타나는 광경을 보게 될 것이다. 예전의 자산 기반 독점들은 큰 수익을 올리는 데 있어 점점 더 그 효과를 잃어갈 것이고, 새로운 성공 스토리는 엔터프라이즈 렌트-어-카와 제트블루같이 모두가 놓치고 있던 기회를 찾아내고 활용하는 기업들이 써내려갈 것이다. 앞으로의 독점은 상황적 성격이 점차 강해질 것이다.

IT 나치를 무찌른 델

MBA 수강생들을 대상으로 델에 대한 이야기를 할 기회가 있었는데, 당시 그들 모두가 자신들이 델의 성공 비밀에 대해 알고 있다고 확신하고 있었다. 내가 델의 성공 요인을 묻자 여기저기서 손을 들었다.

PC 제조업체 중에서는 가장 낮은 가격을 제시한다는 대답, 자신들의 공급망들을 쉴 새 없이 일을 시킨다는 대답, 주문을 받아서만 판매하기에 재고가 생기지 않는다는 대답, 운용자본을 1년에 30회나 회전시키면서도 제조 공장에는 거의 투자를 하지 않아 비용을 절약한다는 대답, 직판을 하면서 중간 유통망에 들어가는 비용을 없애서 컴퓨터 가격을 상당히 경쟁력 있게 유지한다는 대답, 고객 서비스가 훌륭하면서 가격도 저렴하다는 대답 등이 나왔다.

다 맞는 말이다. 그러나 이 요인들은 델이 100만 달러에서 10억 달러 가치의 기업으로 성장한 이유를 충분히 설명하지 못한다. 평범한 사업가였던 마이클 델(Michael Dell)이 어떻게 델 컴퓨터를 통해 큰 성공을 거둔 '위인'이 되었는지에 대한 이야기가 없다. 델 컴퓨터가 설립되었을 때, 델이 IBM이나 컴팩을 넘을 수 있는 가격적 우위를 점할 기회는 없었다. 독특한 제품, 기술, 브랜드와 같은 전통적인 지속가능한 경쟁 우위도 없었다. 그러면 델의 성공 열쇠는 무엇일까?

MBA 수강생들에게 이 질문에 대한 답변을 요구했는데, 그 수업에 참가한 한 엔지니어에게서 답이 나왔다. 헝클어진 머리를 한 나이가 좀 든 사람인데, 찰리라고 부르겠다.

"델 덕에 저는 IT 나치를 물리칠 수 있었습니다."

"「사인펠드(Seinfeld)」의 에피소드 같군요."* 내가 바로 대꾸했다.

찰리가 끄덕이면서 설명을 이어갔다. "제가 생산 엔지니어링을 시작할 때 원하는 사양의 컴퓨터를 맞추려면, 두 가지 선택 밖에 없었습니다. 우선 전산실 실장을 찾아가서 수치연산 보조 프로세서, 추가 메모리, 대용량의 하드디스크, 그 외 필요한 기능을 장착한 컴팩 컴퓨터를 사달라고 하는 거죠. 그러면 남들은 현재 있는 컴퓨터를 잘 이용하는데, 왜 저만 새 컴퓨터를 사달라고 하는 것인지로 옥신각신해야 했습니다. 그걸로 몇 시간 논쟁을 하다 보면 결

---

* 미국 시트콤으로 에피소드 중 수프를 파는 독일 이민자가 가게를 나치식으로 운영해, 주인공들이 영업을 못 하게 혼내준 이야기가 있다. _옮긴이

국에는 사주기는 했습니다. 그리고 운 좋으면 6주 뒤에 그 컴퓨터를 받을 수 있었죠."

그래서 전산실 실장을 IT 나치라고 부른 것이냐고 내가 물었고, 찰리가 그렇다고 확인해줬다.

"그러면 다른 선택은 뭐였습니까?" 내가 추가 질문을 했고 찰리가 답했다.

"3주간 한 무더기의 카탈로그를 살펴보고 저만의 컴퓨터 시스템을 조립하면 그런 논쟁을 피할 수 있었죠." 찰리가 물을 한 모금 마시고 말을 이어갔다. "그렇게 하려면 선택은 델이 되어야 했습니다. 이제 제가 할 일은 수화기를 들고 델에 전화를 한 다음, 제가 원하는 것을 알려주고 제 회사 청구 번호를 넘겨주는 겁니다. 그러면 한 3일 정도 되면 컴퓨터를 받을 수 있었어요."

다른 학생이 끼어들었다. "그러면 그 IT 나치는 어떻게 했나요? 자신을 우회해서 컴퓨터 사는 것을 반대하지 않았나요?"

찰리가 어깨를 으쓱이며 대답했다. "아니, 실장은 전혀 몰랐죠. 우리 부서장이 쓰는 예산에 부서장 컴퓨터와 제 컴퓨터 구매 비용을 모두 포함시켰으니까요."

이번엔 내가 물어봤다. "그러면 컴팩은 어때요? 컴팩은 델과 같은 서비스를 제공해주지 않았나요?"

"아니요. 지금도 그러고 있지 않아요. 한다고는 하지만 컴팩 시스템이 너무 복잡하고, 번거롭고, 심지어 더 비쌉니다. 그래서 델이 그렇게 커진 거예요. 델은 제가 몸담은 비즈니스에서 컴퓨터 구매처로서 독점을 가진 거였죠."

만일 델보다 규모도 더 크고, 자본력도 더 있고, 더 잘 알려진 경쟁사가 있었다면, 그리고 그 경쟁사가 찰리와 같은 엔지니어들의 요구 사항을 제대로 들어줬다면 델의 독점은 없었을 것이다. 결국 델은 평균 이상의 수익을 내지도 못했을 것이며, 위대한 '마이클 델'도 없었을 것이다. 그런 경쟁자가 없었기에 이제 막 시작한 델이 독특한 자산도 없이 수익이 나는 독점 영역을 차지하고 유지하는 상황을 맞을 수 있었다. 결국, 그 독점 영역이 현재 PC 산업에서 가장 거대하고 가장 많은 수익을 내는 기업을 만드는 토대가 된 것이다.

에그비터스 독점

에그비터스(Egg Beaters)는 또 다른 전형적인 상황적 독점의 예시이다. 이런 상황적 독점을 만든 기업인 스탠다드 브랜즈 역시 독특한 기술이나 유형의 독점 자산을 가지고 있지 않았다. 하지만 몇 년간, 에그비터스는 슈퍼마켓 낙농제품 코너에서 콜레스테롤이 제거된 유일한 달걀 대체품이었다.

스탠다드 브랜즈의 CEO 피터 로저스(Peter Rogers)는 에그비터스가 출시되기 시작한 1970년 중반 어떻게 그 제품이 탄생했는지 설명한 적이 있다. "에그비터스는 노른자 대신 노란 식품 색소를 입힌 달걀 흰자위입니다. 특유의 노른자 맛을 내야 하는 반숙이나 오믈렛과 같은 최종제품에 뿌려서 사용하면 됩니다. 특별한 기술이나 우리를 보호하는 특허가 없죠. 누구나 이 제품을 모방할 수도 있을 겁니다."

일용 소비재 세계에서 헤비 컨슈머를 대상으로 한 광고는 새로운 브랜드에 대한 인식을 쌓아가는 전통적인 접근법이다. 하지만 스탠다드 브랜즈는 이런 길을 따르지 않기로 했다. 대신, 병원을 찾아다니며 높은 콜레스테롤 수치를 지닌 환자들에게 에그비터스가 얼마나 효험이 있는지 알렸다. 스탠다드 브랜즈는 이 전략을 반복했고, 이렇게 함으로써 에그비터스는 콜레스테롤이 없는 버터의 대체품인 플라이쉬만(Fleischmann's) 마가린을 쉽게 대체할 수 있었다.

스탠다드 브랜즈의 타이밍은 완벽했다. 당시 대중들에게 미국 내 사망의 주요 원인이 심장병이라는 인식이 자리 잡았고 그 결과 모든 사람들, 특히 사십 대 남성들이 콜레스테롤에 대해 걱정하기 시작했다. 1970년대 중반에는 거의 모든 사람들이 달걀을 아침으로 먹고 있었다.

"그래서 여기 이렇게 소비자층이 생겼습니다." 피터가 기억을 떠올리며 말했다. "대부분의 남성들이 너무 많은 콜레스테롤을 섭취한다는 이유로 갑자기 달걀을 멀리한다는 이야기를 들었고, 이런 소비자들이 바로 저콜레스테롤 달걀의 소비 대상이 된 겁니다."

모든 것이 너무나도 명백해 보인다. 그러면 경쟁자들은 왜 에그비터스를 따라가지 않았던 걸까? 그 원인은 경쟁자들 스스로가 기존의 제품 개발법만 고수하면서 생겨난 근시안적 안목에 있었다. 피터가 설명했다. "기본적으로 식품 산업에 있는 사람들은 콩 기반의 달걀 대체 식품에 집중했습니다. 단지 자신들이 투자했던 콩 연구를 버릴 수 없었고, 그러고 싶지도 않았기 때문이죠. 그 결과 낙농제품 코너에는 우리 스탠다드 브랜즈 상품만 남게 되었습니다."

에그비터스의 사례가 보여주듯, 소비자들이 기꺼이 돈을 지불할 의향이 있는 무언가를 가지고 있다면, 또 그 제품을 두고 다른 누군가가 가격 경쟁을 쉽게 할 수 없다면, 상황적 독점이라는 것이 생겨난다. 이런 맞추기 어려운 요구 사항과 경쟁자들의 나태함이 조합되면 일용품에서도 독점 이익을 볼 수 있는 기묘한 상황이 주성된다.

상황적 독점은 제품 차별화나, 강력한 브랜드 파워, 독특한 기술, 저렴한 비용과 같은 옛날 방식의 자산과는 관련성이 없다. 이유는 간단하다. 사람들이 원하는 무언가를 한 기업이 가지고 있고 그 기업 외 다른 누구도 그 수요를 맞춰줄 수가 없다면, 사람들은 그 기업에게서 그 제품을 살 것이기 때문이다. 판매하는 상품이나 서비스는 저렴하거나, 독특하거나, 여기저기 홍보될 필요가 없다. 영화 감독인 우디 앨런(Woody Allen)이 이런 말을 했다. "성공의 80%는 보여주기다." 상황적 독점을 가지고 있다면 이제 할 일은 그것을 보여주는 것뿐이다.

독점의 기술 7

신경쟁 시대, 전통적 자산 독점 대신
소비자의 입맛에 맞춘 독점을 제공하라.

8
시장 가치를 정하는 독점

지금까지는 CEO, CMO, 브랜드 매니저, 혹은 기타 경쟁 전략을 담당하는 임원과 같은 기업 관리자의 시점에서 독점의 중요성에 대해 살펴봤다. 여기서는 독점을 보는 시점을 전환해보자.

독점은 사업 성공에 매우 중요한 요소이다. 또한 궁극적으로 회사 가치를 결정하는 것이 무엇인지 찾는 데 관심이 있는 사람들에게 독점은 유용한 개념이다. 개인 투자자, 포트폴리오 관리자, 기부기금 관리자, CFO, 그 외 주식 시장 상황을 알아야 하는 사람들이 여기에 포함된다. 물론 자신들이 가지고 있는 주식의 시장 가치로 성공을 측정하는(그에 따라 매니저들에게 보상을 하는) 기업이 늘어나는 시대에는, 비즈니스 매니저들이 사업 가치를 움직이는 힘이 무엇인지 알아야 하는 것 또한 중요하다.

독점력과 주식 가치 사이의 연관성을 알아보기 위해 최근 주식 시장을 강타한 가장 유명한 신주 중 하나를 생각해보자. 바로 구글(Google) 주식이다. 인터넷 검색 엔진 산업에서 엄청난 지배력으로 급성장하고 있는 바로 그 회사이다.

구글의 기업 공개(IPO)는 2004년도 매스 미디어를 떠들썩하게 했던 가장 큰 뉴스 중 하나였다. 마치 한 편의 오페라와 같았다. 격정의 바리톤이 무대를 휘어잡고(투자 은행들과 뮤추얼 펀드 매니저들), 강한 의지를 보이는 프리마돈나가 무대 위에서 발을 구르며(구글사의 관리자와 소유주들) 헷갈려 했다가 좋아했다가 투덜거리고, 목적도 없이 서성이는 여러 출연진들로(필자와 일반 투자자들) 이뤄진 그런 오페라 말이다. 다른 여느 좋은 오페라처럼, 이 일도 해피 엔딩으로 마무리되었다. 구글은 주당 85달러에 상장을 했고, 거래 첫날부터 주가 100.34달러를 찍었다. 주당 18%의 이익을 얻은 것이다.

물론 오페라의 테마는 전형적이면서 오래된 주제인 '탐욕'이었다. 구글의 특이한 투자자 직판, 경매 형태로 된 IPO에 소외된 투자 은행들이 발끈했다. 수수료만으로도 수억 달러를 챙길 수 있는 기회를 빼앗겼기 때문에 당연한 일이었다. 기관 투자자들은 보통 공모가에 인기 있는 IPO 지분 대다수를 사들였다가 잠시 기다린 다음 상장 첫날부터 큰 수익을 내는 재미를 보는데, 이 구글 주식에서는 그렇게 하는 것이 허용되지 않아 화가 난 것이다. 구글의 경영진은 투자 은행들과 기관 투자자들이 낮은 가격을 요구하는 것을 못마땅해했는데, 이러면 구글이 손해를 봐야 하기 때문이다. 보통 욕심이란 게 모두에게 최악의 결과를 가져온다.

투자 은행들의 역할, 개인 투자자들의 부조리, 경매에 대한 장기 위험에 대한 이 모든 소란스러움 뒤에는 아주 오래된 기본적인 질문이 있다. "그래서 구글의 진짜 가격은 얼마인가?" 경영진들이 초창기에 제시한 대로 주당 115달러일까, 아니면 실제 발행 가격인 85달러에 가까운 걸까? 만일 마이크로소프트가 자체 검색 엔진 서비스를 시작하거나 야후(Yahoo)가 새로운 검색 서비스를 제공한다면 구글의 주가는 어떻게 될까?

독점과 시장 가격

이런 질문들에 답하기 위해 우리는 구글의 독점력에 대해 살펴볼 필요가 있다. 우리의 가설은 이것이다. '독점은 회사의 주가를 움직인다.' 왜 그렇게 되냐고? 간단하다. 회사가 독점으로 누리는 고수익은 금전적 리스크가 매우 적거나 아예 없기 때문이다. 따라서 비즈니스가 완벽하고 규제되지 않은 독점을 가진 것처럼 보일

수록 더 많은 투자자들이 기꺼이 비용을 지불할 것이다. 더 나아가, 회사의 시장 가치 또한 독점 영역의 규모와 지속 기간에 따라 달라지게 될 것이다. 독점 고객이 많으면 많을수록 그 독점이 유지되는 기간이 길어질 가능성이 있고, 결과적으로 더 많은 투자자들이 기꺼이 투자를 하게 된다.

이 가설이 맞는지 테스트하기 위해 마이크로소프트를 보자. 마이크로소프트는 우리가 찾을 수 있는, 규제되지 않은 독점 사례에 가장 가깝다. 이 책을 쓰기 시작한 시점인 2004년 12월, 마이크로소프트는 나스닥 시장에서 주당 27달러에 거래되고 있었다. 이 회사의 연 매출액과 주식 총계를 생각하면, 마이크로소프트가 현재 주당 3.3달러 살짝 넘는 매출을 올리고 있는 것으로 계산할 수 있다. 주가 27달러를 주당 매출 3.3달러로 나누면 마이크로소프트 주식이 8배 이상의 가격으로 팔리고 있는 것을 알 수 있다. 다른 말로 하면, 월스트리트는 마이크로소프트의 주식을 너무 좋아해서 회사가 올리는 매출 1달러를 8달러 넘게 지불하고 사들인다는 뜻이다.

놀라운 일이다. 코카콜라와 같은 다른 위대한 회사와 비교하면 어떨까? 이미 살펴봤듯, 코카콜라는 그 브랜드 이미지와 특별한 제품(비밀 제조법)의 조합을 바탕으로 콜라 시장에서 거의 한 세기 넘는 기간 동안 거의 독점을 누렸다. 코카콜라 주식은 40달러를 살짝 넘는 금액에 거래되고 있다. 계산을 해보면, 코카콜라는 매출의

4.5배 정도의 가격에 주식을 팔고 있는 것을 알 수 있다. 마이크로 소프트만큼은 아니지만 여전히 높은 수치다.

좀 더 알아보기 전에 주식 시장에 대해 그렇게 정통하지 않은 독자들을 위해 몇 가지 사항을 짚고 가도록 하겠다. 지금 집중적으로 이야기하고 있는 비율(매출액 대비 주가 비율)은 기본적으로 널리 사용되는 주식 가치 지표이다. 통상적으로 P/S, 즉 '주가매출액비율'이라 칭한다.

이 P/S비율은 개인 투자자들이 각자 직접 계산해서 알아낼 필요는 없다. 보통 모닝스타나 벨류라인(Value Line)과 같은 정보 서비스 업체에서 제공하기 때문이다. 이번 장에서 언급하는 P/S 비율은 2004년 12월 5일자 모닝스타에서 가져온 수치임을 밝힌다. 당연히 P/S 비율은 다른 주가 지표와 마찬가지로 매일 변한다. 그러나 대기업들 대다수에게 이런 단기적인 출렁임이 그리 큰일이 아닐 것이다.

마이크로소프트는 8.0이 넘는 P/S 비율을 자랑한다. 반면에 코카콜라는 그보다 낮은 4.5이다. '이십 대들의 코카콜라'라는 스타벅스는 어떨까? 스타벅스의 P/S 비율은 현재 4.74로 코카콜라와 매우 비슷하다. 한편 육상 소포 배송 사업을 소유하고는 있지만 익일 배송과 국제 배송에 있어 치열한 경쟁을 겪고 있는 UPS는 매출 당 2.76배 수준으로 주식을 팔고 있다.

우리가 발견한 이 숫자들은 한 가지 관계를 보여준다. 순수 독점을 보유한 것으로 보이면 보일수록(마이크로소프트에 가까워질수록), 월스트리트는 1달러 매출에 기꺼이 더 많은 비용을 지불한다는 것이다.

관련된 예시가 좀 더 있다. 에스티 로더(Estée Lauder)는 고급 백화점(노스트롬이나 블루밍데일Bloomingdale's 등)에 화장품 코너를 보유하고 있다. 그리고 에스티 로더의 시장 가치는 매출액의 2배에 살짝 못 미치는 정도이다(P/S 비율 1.80). 반면에, 경쟁업체인 레블론(Revlon)은 월그린과 월마트에 화장품 코너를 가지고 있음에도 매출 1달러당 61센트 정도로 그 가치가 훨씬 낮다. 투자자들이 레브론의 지배주주인 론 페릴먼(Ron Perelman)에게 이런 메시지를 전하고 있는 것이다. "당신이 월마트에 화장품 코너를 가질 수는 있지만, 월마트는 당신에게서 나오는 모든 수익을 쥐어짤 거예요. 그래서 우리는 당신의 독점이 그렇게 큰 가치가 있다고 생각하지 않습니다."

물론 독점과 시장 가치 간 연관성에 진짜 미스터리가 있는 것은 아니다. 투자자들은 수익으로 보상을 받는다. 기업이나 투자의 수익성이 좋으면 좋을수록 더 많은 사람들이 거기에 거리낌 없이 투자를 한다. 이미 앞서 살펴봤듯이, 평균 이상의 수익을 내는 기업은 반드시 어디에선가 독점을 소유하고 있음에 틀림없다. 소유할 수 있는 영역(더 많은 고객과 거기에서 나오는 매출)이 크면 클수록, 그리고 그 회사가 그 영역을 배타적으로 오래 소유할수록, 기업의 가치가 더 커진다. 소유할 영역이 없고 독점 기간도 없다는 것은 평균 이상의 수익도 없다는 의미이고, 그에 따라 투자자들도 흥미를 가지지 않는다는 의미가 된다. 이게 바로 독점이 시장 가치를 움직이는 원리이다.

더 나아가 투자자들은 미래 수익을 내다본다. 이 상황에서(미래 수익 가능성을 가늠할 수 있는 지표를 제외하면) 과거는 중요하지 않다. 투자자들이 알고 싶어 하는 것은 "그 수익의 파이가 내일은 얼마나 더 커질 것인가?"이다. 작고, 어떤 지역에만 국한된 독점은 빠르게 성장하지 못하고, 2~3년마다 2배씩 성장하는 거대 지역이나 나라 전체에 영향력이 있는 독점보다 가치가 덜하며, 투자자를 끌어들이는 매력도 떨어진다.

우리는 이런 연관성이 작용하는 것을 실상에서 계속 봐왔다. 2004년에 주당 20달러가 안 되었던 애플 컴퓨터의 주가가 60달러 이상으로 올랐다. 이는 시장 가치의 3배에 해당하는 수치였다. 당시 애플의 가장 가치 있는 독점물인 아이팟 뮤직 플레이어의 인기가 커졌기 때문이다. 그해 2분기와 3분기 사이에 아이팟 매출은 5배나 올라, 2004년 9월 25일 분기 말 판매량이 200만 개를 넘어섰다.

물론 애플 투자자들은 이런 상황을 무척 반겼다. 그들의 마음속 진짜 질문은 "이 상황이 얼마나 지속될까? 애플이 얼마나 오래 이런 자리를 유지할 수 있을까?"였다. 대부분의 분석가들은 애플의 미래 독점 기간은 1년, 혹은 그 이하로 전망했다. 다른 기기 제조 업체들이 이미 그들만의 뮤직 플레이어를 홍보하기 시작했고, 정보 기술계의 고질라와 같은 존재인 마이크로소프트가 애플의 아이튠 온라인 뮤직 배포 사이트에 대한 공격을 시작한 것으로 알려졌기 때문이다. 모두가 마이크로소프트가 전력을 다해 음악 산업에 뛰어들면, 애플의 독점이 곧 사라질 것이라고 생각했다. 반대로 투자자들이 애플의 주크박스 독점이 오래가리라고 확신한다면, 애플 주가는 더 올라갈 것이다.

한편, 애플의 P/S 비율은 현재 3을 살짝 넘어 정확히 3.23을 기록하고 있다. 마이크로소프트, 코카콜라, 스타벅스만큼은 아니지만 애플 주식은 회사 매출에 비해 프리미엄이 붙은 가격에 거래되고 있다.

MQ: 독점 지수

독점의 시장 가치를 측정할 수 있는 한 가지 방법은 '독점 지수(Monopoly Quotient)'라 부르는 평가법을 이용하는 것이다. 엄밀히 말하면, 이는 두 숫자 간의 비율을 따지는 것이 아니기 때문에 지수는 아니다. 다만 지능을 측정하는 IQ와 '정서지능'이라 불리는 것을 측정하는 EQ같이 친근한 용어가 있으므로, 유사한 맥락에서 MQ라고 부르기로 한다.

MQ는 독점 기간(단위: 년, M이라 칭함)에 연 매출액 성장률(R이라 칭함)을 곱한 값으로 규정한다. 수식으로 표현하면 다음과 같다.

$$MQ = 독점\ 기간(M) \times 연\ 매출액\ 성장률(R)$$

$$MQ = M \times R$$

MQ는 순수 백분율 값으로 해당 기업의 '독점 매출액'이 독점 기간 내 얼마나 증가했는지 알려준다. 미래 독점 파이의 크기를 가늠할 수 있는 빠르고 간편한 계산법이다.

애플의 아이팟을 예로 들어보면, 만일 아이팟 매출액이 연 50% 씩 성장하고, 애플의 아이팟 독점이 오늘부터 3년간 이어진다고 가정하면 애플의 MQ는 이렇게 계산된다.

$$MQ = M \times R$$

$$MQ = 3 \times 0.5 = 1.5$$

애플의 MQ는 1.5로 150%에 해당한다. 이는 곧 애플의 독점 매출액, 또 좀 더 확장해서 독점 수익은 현재 수준에서 1.5배 높아질 것이라는 뜻이다.

분명 MQ는 성장률의 복리성(매년 50%씩 3년간 성장하면 237%지 150%가 아니다), 수익과 매출의 차이, 매출액 성장률이 바뀔 가능성, 실제 독점 기간에 대한 불확실성, 그 외 기타 요인들을 고려하지는 않고 있다. 그러나 대략적인 수치 제공 면에서는 쓸 만하다.

이 MQ를 독점의 시장 가치를 측정하는 데 사용하기 전에 보정해야 할 것이 있다. MQ를 기업 매출의 백분율로 표시한 시장 가치, 즉 P/S 비율과 연결하는 것이다(다음에 이어지는 내용은 어쩔 수 없이 약간 기술적이고 무미건조할 것이다).

MQ 보정을 위해 처방전 약품 산업의 데이터를 차용할 것이다. 처방전 약에는 특이하게도 MQ를 계산하는 데 필요한 데이터들이 들어 있기 때문이다.

우선 의약품 산업에서 독점 기간(M)은 각 제약회사 주요 특허의 평균 수명을 바탕으로 하고 있기에 명확하게 규정되어 있다. 편리하게도 이 정보는 FDA에 제출된 규정집에 포함되어 있기에 투자자들도 볼 수 있다. 매출액 성장률(R) 또한 비교적 쉽게 계산이 가능하다. 공중 보건 통계 덕에 우리는 특정 질병이나 건강 상태에 있는 환자들의 전체 수에 대한 정보를 얻을 수 있고, 이 환자들의 숫자가 얼마나 빨리 증가하는지도 알 수 있다. 이 데이터를 통해 환자들이 구매할 특정 약품이 얼마나 될지 가늠할 수 있다. 또한 MQ를 계산한 다음 현재의 주가매출액비율(P/S 비율)로 측정한 기업의 시장 가치와 비교하는 데 사용할 수 있다.

이제 우리는 상당히 변동이 심한 산업에서 비교적 높은 대표성을 띠는 다섯 곳의 제약사들을 살펴볼 것이다.

매출액이 급격히 증가하고 있는 몇 가지 특허가 붙은 의약품들로 초창기 생명공학의 선구자로 불렸던 암젠(Amgen)부터 시작해보자. 암젠의 특허 목록은 만료가 되기까지 평균 10년 이상이 남은 것으로 구성되어 있어, 암젠의 독점 기간은 약 10으로 고정시킬 수 있다. 암젠의 매출액은 매년 약 25%씩 성장해왔으므로 매출액 성장률(R)은 25%, 즉 0.25로 둘 수 있다. 이러면 암젠의 독점 지수(MQ)는 2.5(10×0.25), 혹은 250%가 된다. 최종적으로(모닝스타 웹사이트에서 잠시 조사를 함으로써) 암젠의 현재 P/S 비율은 8.39임을 알 수 있는데, 이는 투자자들이 암젠의 주식을 사기 위해 연 매출액의 8배 넘는 금액을 기꺼이 투자한다는 뜻이다. 아주 괜찮은 프리미엄이다.

그다음으로 볼 회사는 몇 가지 블록버스터급 의약품(의약품 산업 용어로 잘 알려져 있는)을 지닌 화이자이다. 화이자의 특허 목록 또한 만료까지 10년 이상 남아 있다. 따라서 화이자의 독점 기간(M)도 10으로 본다. 화이자의 매출액은 매년 약 15% 성장해왔고, 이는 R

값이 15%, 혹은 0.15라는 뜻이다. 그러면 화이자의 MQ는 1.5(10×0.15)가 된다. 이 회사의 P/S 비율은 3.98이다.

이와 대비적으로 브리스톨-마이어스(Bristol-Myers)와 머크(Merck)는 2~3년 안에 만료되는 특허 목록을 들고 있고, 이들의 판매량은 훨씬 느리게 성장 중이다. 그 결과 이들의 MQ는 낮다. 아이백스(IVAX)는 일반적인 제약사로, 그 독점 기간은 매우 짧고 판매량도 천천히 오르고 있다. 따라서 아이백스의 MQ도 상당히 낮다. 이 다섯 개 업체에 대한 모든 정보를 아래 표로 정리해볼 수 있다.

주요 처방전 의약품 제조업체의 MQ와 P/S 비율

회사	M	R	MQ	P/S
암젠	10	0.25	2.50	8.39
화이자	10	0.15	1.50	3.98
머크	3	0.07	0.21	2.76
브리스톨-마이어스	3	0.05	0.15	2.14
아이백스	2	0.03	0.06	2.44

표에서 확인할 수 있듯, 표의 마지막 두 열(MQ와 P/S) 사이에는 대략적인 상관관계가 있다. 우리가 짐작했던 대로, 월스트리트가 기업들의 독점에 대한 미래 수익력을 바탕으로 주식 가격을 책정하는 경향을 보인다는 사실을 확인할 수 있다. MQ가 상당한 정확도로 계산될 수 있는 제약회사들 중 암젠은 가장 높은 MQ와 P/S

비율 수치를 지녔다. 화이자는 그 두 지표에서 2위를 기록한다. 머크가 3위, 브리스톨-마이어스와 아이백스가 차례로 그 뒤를 잇고 있다.

물론 이 제약 산업에 대한 분석은 아주 기초적인 것이다. 더 많은 기업들을 포함시키고, 아마도 주가수익비율(P/E)과 같은 대중적인 주가 지표 한두 가지를 추가한다면 이 분석을 확장할 수 있다. 그러나 더 깊은 분석으로 들어간다 하더라도, 주식 가격 프리미엄과 독점력 간의 기본적인 관계가 바뀌지는 않을 것이다.

구글의 진짜 가치는 얼마일까?[*]

이제 구글의 주가에 대해 다시 알아보자.

지난 12개월에 걸쳐, 구글의 매출액은 연 233%로 급증했다. 상식적으로는 구글의 매출액 상승이 매년 2배, 3배 이뤄질 것이라고 기대하기 어렵다. 따라서 이 매출액 상승률을 연 50% 정도로 적당히 내려보자. 사실 이 수치도 여전히 비정상적인 성장 속도다. 이것이 실현되면, 구글의 매출액은 2003년 14억 7000만 달러에서 2008년도에는 110억 달러를 넘게 된다.

---

[*] 이 책이 출간된 2005년 기준의 이야기다. _편집자

마이크로소프트나 야후가 경쟁력을 갖춘 자신들만의 검색 기술을 이미 개발했기 때문에 구글의 독점 기간은 가늠하기가 어렵다. 따라서 구글은 앞으로 3년 정도만 검색 시장을 장악하리라 보는 편이 타당할 것이다.

0.5의 R과 3의 M을 적용한 구글의 MQ는 1.5이다. 이 계산에 따르면 구글 주식은 주당 177달러 이상에 거래되는 것이고, P/S 비율은 21을 약간 넘게 된다.

구글의 MQ와 P/S 비율

회사	M	R	MQ	P/S
구글	3	0.50	1.50	21.04

이 표를 위의 제약회사 표와 비교하면 어떨까? 구글은 화이자처럼 1.5라는 MQ를 가지고 있다. 그러므로 만일 구글이 의약품 기업이었다면 P/S비율도 화이자와 같이 매출액의 4배 정도였을 것이다. 이런 식으로 계산하면, 구글의 주식은 현재 가격인 주당 177달러가 아닌 34달러 정도에 팔려야 한다.

구글의 독점에 대한 우리의 예상을 더욱 넉넉하게 잡아보면 어떨까? 구글의 매출이 매년 2배씩 늘어난다면, 그러니까 R이 0.5가 아닌 1.0이라면 구글의 MQ는 3.0이 될 것이다. 그러면 의약품 산업의 표와 비교할 때 암젠보다 약간 높은 수치일 뿐이다. 매출액은 10배가 되더라도 말이다. 이것은 구글 주식이 주당 177달러가 아닌 84달러를 조금 넘는 수준이 적당하다는 의미이다.

구글의 진짜 가치를 묻는 이 질문을 또 다르게 해석하는 방법은 구글의 주가매출액비율을 먼저 보고 거꾸로 계산하는 것이다. 암젠의 값을 외삽법을 이용해 대입하면, 구글의 P/S 비율이 21이므로 MQ는 6.0쯤 된다.[*] 이는 현재 가격 프리미엄이 적당하다는 것을 보여주려면 구글은 마이크로소프트나 야후, 혹은 다른 업체와의 큰 경쟁 없이 6년간 매년 매출액을 2배씩 올려야 한다는 의미이다. 그게 아니라면 구글 주식 가격은 거품으로 과대평가된 것이다.

이번 설명에서 알 수 있듯 처방전 의약품은 특허와 FDA 규정에 의한 정보 요구 사항이 있다. 이런 정보 요구 사항에 예측가능한 매출, 수익, 독점 기간 등이 들어가기 때문에, 처방전 의약품은 월스트리트에서 이상적인 독점 벤치마크(benchmark)[**]에 가장 근접한 시장이다. 결과적으로 처방전 약품에 대한 P/S 비율은 상한선으로 봐도 된다. 앞서 제시된 MQ를 봤을 때, 이성적인 투자자라면 동일한 MQ를 지닌 처방전 약품 주식보다 더 비싼 가격을 치르고(즉,

---

[*] 암젠의 MQ를 1.50으로 환산하면 P/S는 5.034가 되고 이 비율을 구글의 P/S 21.04에 대입하면 MQ는 6.27이 된다. _옮긴이
[**] 투자 성과를 평가할 때 기준이 되는 자료를 말한다. _편집자

더 높은 P/S 비율에) 투자하는 데 주저할 것이다. 사실 기업 전망에 있어 어떤 불확실성이 있다고 하면, 처방전 약품 주식의 P/S 비율을 근거로 '할인'을 요구해야 할 것이다.

구글이 과대평가되어 있는지, 아니면 투자자들이 믿는 대로 빠르게 계속 성장할지는 시간이 말해줄 것이다. 그러나 이런 논의를 통해 한 '기업의 진정한' 시장 가치***에 대해 생각할 때 MQ를 활용할 수 있음을 알 수 있다. MQ를 계산하면 그 기업에 대해 이런 기본적인 질문을 하게 된다. "이 기업의 성장 동력이 되는 독점이 무엇인가? 이 독점은 얼마나 더 갈 수 있고, 그 이유는 무엇인가? 월스트리트에서는 그 독점에 대해 어떻게 평가하고 있나? 그 가치가 적절히 평가된 것인가?" 그러고 나서 우리는 특정 주식에 대해 생각해보고 현재 가격으로 그 주식을 살지 팔지를 결정하게 된다.

당장 MQ를 이용해서 주식 고르기를 시작하기 전에 한 가지 주의해야 할 점이 있다. 첫째, 앞서 우리가 활용한 의약품 표준은 제대로 개발된 시스템이 아니란 사실을 기억하라. 앞의 계산법은 단순함이라는 장점이 있다. 독점 기간을 산정하고 얼마나 빠르게 그회사의 매출액이 증가했는지를 알아보기만 하면 되기 때문이다. 그러나 이 시스템은 제약회사들이 제품 특성상 큰 이익을 보는 반

*** 워런 버핏과 같은 가치 투자자들은 이를 '본질적인 가치(intrinsic worth)'라 부른다.

면, 철강회사, 자동차 제조업체, 일용품 제조업체는 제약회사들보다 훨씬 적은 이익을 보고 있다는 사실을 고려하지 않는다.

둘째, 주가는 요동친다. MQ는 한 기업의 '장기적인' 시장 가치의 잠정적인 수치만을 제공한다. 따라서 산정하는 날의 소문, 낙관적인 기분 상태, 특정 경제나 산업 영역의 명암 등이 단독으로, 혹은 복합적으로 작용하여 여기저기서 각 주식의 가격을 움직일 수 있다. 이런 변동 사항들을 이해하고 자신만의 거래 결정을 내려야 한다.

MQ는 특정 기업의 장기 성장 전망을 살펴봄으로써 그 미래 시장 가치를 가늠해보는 간단한 도구일 뿐이다. 다만, 회사를 설립하고 유지하게 해주는 엄청난 독점력에 초점을 맞추는 주식 시장의 일차적 지표이기에 매우 유용할 수 있다.

독점의 기술 8

**독점의 여부는 기업의 시장 가치를 판단하는
가장 주요한 지표가 될 것이다.**

9

독점 만화경

테드 터너와 CNN의 독점

독점은 만화경과 같다. 운 좋은 기업들은 독점으로 생기는 수익이라는 아름다운 패턴을 잠시 동안 볼 수 있다. 그 후 만화경이 돌면서 독점은 사라진다. 결국엔 아무 패턴도 보이지 않는 혼란만이 남는다. 다른 말로 하면, 지배적인 선도 기업이 없는 상황에서 상품, 서비스, 공급 분야가 서로 전투를 벌이는 시장이 남는 것이다. 그러나 만화경이 다시 돌면 새로운 패턴이 보이게 되는데, 간혹 완전히 다른 독점 형태로 나타난다.

산업 변화, 경쟁자의 변화, 고객의 변화 등 세 가지 핵심 원동력의 상호작용으로 오래된 독점은 파괴되고 새로운 독점이 생겨난다. 변화가 점진적이라면 현재 경쟁중인 업체들은 그에 적응할 시간을 가질 수 있다. 그러나 산업 구조, 경쟁자 행위, 고객의 요구 사항은 빠르고 예측할 수 없게 변화한다. 그 결과 새로운 업체들이 나타나고 완전히 새로운 경쟁 구도를 만든다.

미디어 기업가인 테드 터너(Ted Turner)는 터너 방송 시스템(TBS, Turner Broadcasting System)의 창립자로서 1980년 6월 1일 CNN을 개국했다. 당시에는 이를 모험이라고 생각한 사람들이 많았다. 예산은 턱없이 부족하고, 유명인도 없고, 경험마저 부족한 상태로 갓 시작한 네트워크 사업인 데다, 미국인들이 하루 24시간 방송하는 텔레비전 뉴스에 목말라 있으리라는 입증되지 않은 전제를 시험하려 한 것이기 때문이다. 그런데 1985년이 되었을 때, 전 미국 가정의 40%에 달하는 3300만 이상의 가구가 CNN을 시청했다. 케이블 텔레비전 설치를 한 5명 중 4명이 CNN을 본다는 뜻이었다. 그 후로 5년 뒤, CNN은 다른 방송 네트워크와 어깨를 나란히 하는, 전 세계적으로 인정받는 뉴스 미디어가 되었다. CNN이 그렇게 탄생한 것이다.

비즈니스 관점에서 더욱 중요한 사실은 CNN이 독점이라는 것이다. 폭스(FOX) 뉴스가 나타난 1996년까지 16년간 CNN은 경쟁자가 없었다. CNN만이 유일한 24시간 뉴스 채널이었다. 전 세계적으로도 CNN은 더욱 확고한 독점을 확보했다. 특히나 국영 방송 독점이 있는 국가에서는 CNN만이 중립적인 텔레비전 뉴스를 전달해줄 수 있었다.

세 가지 동력:
고객, 경쟁자, 산업 변화

고객, 경쟁자, 산업이라는 세 동력이 어떻게 새로운 독점 기회를 만들어내는지, 뉴스계의 '초짜'인 테드 터너가 이런 기회를 어떻게 잡았는지, 기존 미디어 회사들은 왜 빠르게 대응하지 못했는지에 대한 이야기가 독점 만화경의 생생한 예시가 된다.

CNN의 독점이라는 씨앗은 1970년대 초반 얼핏 보기에는 관련성 없는 몇 가지 변화에서 싹트기 시작했다.

첫 번째, 위성 텔레비전 서비스의 발달이다. 1962년 최초의 위성 텔레비전 전파가 유럽에서 텔스타(Telstar) 위성을 타고 북미로 전송되었다. 텔레비전 방송용 최초의 북미 인공위성은 캐나다의 아닉 1(Anik 1)으로 1973년에 쏘아 올려졌다. 1970년대가 지나면서 인공위성과의 업링크와 다운링크가 점차 전 세계적으로, 심지어 철의 장막(iron curtain)* 뒤에서도 가능해졌다. 그러니까 아제르

바이잔의 조그만 시골 마을에서도 탄자니아의 잔지바르에서 무슨 일이 일어나고 있는지, 잔지바르에서도 아제르바이잔에서 무슨 일이 일어나는지를 텔레비전 화면을 통해 볼 수 있게 된 것이다.

가장 중요한 것은 비교적 저렴한 비용으로 이런 서비스가 가능하다는 점이었다. 고성능 위성 연결은 지역이나 지방 단위가 아닌 '전국적인' 케이블 네트워크 서비스가 가능했다. 방송 시스템에 큰 비용을 들이지 않고 인공위성 안테나 접시를 설치해서 케이블 프로그램을 전송받을 수 있었다. 즉, 방송사가 자체 프로그램을 개발할 정도로 거대 규모일 필요도, 옛날 방식의 텔레비전 네트워크에 의존할 필요도 없었다.

두 번째, 텔레비전 화면의 녹화, 전송, 시청 기술의 발달이다. 더 가벼워지고, 더 강력해지고, 더 저렴해진 카메라와 음성 녹음 장비 덕에 투자를 덜 하고도 더 좋은 품질의 영상과 음성을 저 멀리 있는 곳에서도 수신하고 녹화할 수 있었다. 전송 장비 또한 경량화되었고, 가격도 비싸지 않았으며 더욱 강력한 성능을 냈다. 이런 기술은 가정의 텔레비전에도 적용되어 텔레비전 가격도 저렴해졌고 더욱 믿을 만한 성능을 가지게 되었다. 결국엔, 인도와 중국 같은 거대 텔레비전 시장이 개방되면서 수백만 명의 지역 주민들이 자신

---

* 제2차 세계대전 후 소련 소속 국가들의 국경선을 철의 장막이라 표현하여 이들이 얼마나 폐쇄적인지를 나타냈다. _옮긴이

만의 텔레비전을 사게 되었다. 이 많은 사람들이 텔레비전을 구매하면서, 스포츠나 연예를 다루는 텔레비전 프로그램의 거대한 신규 시장이 생겨났다. 물론 뉴스 프로그램도 마찬가지였다.

한편, 이런 기술적 변화로 인해 미국은 물론 전 세계에서 규제 관련 변화도 생겨났다. 그 변화의 패턴과 속도가 국가마다 다르기는 해도 최종 결과는 동일했다. 북미의 ABC, NBC, CBS, 영국의 BBC, 프랑스의 텔레비지옹(Télévision), 독일 국영 네트워크 방송 ARD와 ZDF, 인도의 두르다르샨(Doordarshan)처럼 오랫동안 운영되어온 방송사들이 이제 막 개국한 터너의 TBS, 루퍼트 머독(Rupert Murdoch)의 SkyTV, MTV부터 ESPN, HBO나 홈쇼핑 방송에 이르기까지 다양한 범위의 전문방송 채널과 경쟁하게 된 것이다.

이런 변화로 인해 텔레비전 산업의 관심은 송출량에서 콘텐츠로 넘어갔다. 방송이 오직 한 방향 텔레비전 신호 전송인 시절에는 송출량이 부족했다. 한 번에 방송이 가능했던 채널은 2~3개나 4개 정도였고 경제적 요소를 고려하면 하루에 단 몇 시간 정도의 방송만 나가야 했다. 이런 제한적 송출량을 쥐고 있는 방송사들이 이 산업을 이끌고 있었던 것이다.

이런 상황에서 케이블 방송은 거의 무한대에 가까운 송출량을 만들어냈다. 전형적인 케이블 시스템은 100개, 혹은 그 이상의 채널 송출이 가능하다. 이제 문제는 그런 송출량을 채우기에 충분한 콘텐츠를 찾는 것이다. 뭔가 새롭고, 색다르고, 흥미진진한 볼거리가 없다면, 그 누가 추가금을 지불해가면서 케이블 방송을 보려 하겠는가? 방송계의 주도권이 송출량을 소유한 방송사에서 디즈니, 폭스, 타임 워너(Time Warner), 비아콤(Viacom) 등과 같은 콘텐츠를 소유한 회사들로 넘어가게 되는 것은 피할 수 없는 일이었다. 뉴스에는 케이블과 위성 텔레비전 시청자들을 끌어들일 수 있는 주요 콘텐츠 중 하나가 될 수 있는 잠재력이 있었다.

이와 동시에, 시청자들의 요구 사항과 습관도 사회와 가정의 변화로 인해 달라지기 시작했다. 월터 크론카이트(Walter Cronkite)나 데이비드 브링클리(David Brinkley)와 같은 '전국구 간판 앵커'가 진행하는 저녁 뉴스는 사실 제2차 세계대전 이후 핵가족화 시대에 근간을 두고 있는 제도였다. 아버지는 나가서 일하고, 어머니는 집에서 가사를 돌보고, 아이들은 학교를 가고, 저녁 6시쯤 되면 온 가족이 텔레비전 앞에 모여 그날 무슨 일을 겪었는지 서로 이야기를 나누던 그런 시대였다. 방송사 임원들은 아늑한 분위기의 그런 모습으로 세상이 영원히 이어질 것이라고 기대했다.

그러나 1970년대 후반, 새롭고 익숙하지 않은 형태로 변해가는 핵가족이 많아졌다. 몇천만 명의 어머니들이 노동에 가담했고 한 부모 가족들도 많아졌다. 아이들의 생활은 점차 방과 후 활동으로 채워졌고 계획된 이벤트로 가족과 함께 보내거나 자동차 안에서 소비하는 시간들이 생겨났다. 특정 시간에 한 장소에서만 가능했던 텔레비전 시청이 아무 때에나 어디에서나 보는 것으로 바뀌기 시작했다. 6시 뉴스는 집에서 요리하는 식사가 전자레인지로 간편하게 돌리는 메뉴로 대체된 것과 같은 길을 가게 되었다. 어느 시간대에나 틀어도 나오는 뉴스 채널로 대체된 것이다.

테드 터너에게 독점 기회를 제공한 마지막 재료는 경쟁자들의 안일함이었다. ABC, CBS, NBC와 같은 이 산업의 실세들은 산업과 고객의 변화에 대응하지 못했다. 이런 안일함에는 몇 가지 이유가 있었다. 첫 번째, 현 상황에의 안주였다. 거의 30년 가까운 세월 동안 이 방송 네트워크사들은 극단적으로 수익이 남는 과점을 유지했고 각종 규제(새로 생겨나는 경쟁자들에 대한)와 방송에 대한 기술적 제한으로 보호받았다. 그들의 권력이 당연시되었기에 새로운 케이블 방송과 위성 방송 기술이 규제적 변화를 앞당긴다는 사실을 눈치채지 못한 것이었다. 더 안 좋았던 점은, 케이블 방송사들이 정치적으로도 잘 준비하고 있었다는 사실을 몰랐던 것이다. 이는 규제적 변화가 생길 경우 자신들의 과점 시장이 영원히 사라져버릴 수도 있다는 의미였음에도 말이다.

두 번째, 집중력 부족이었다. 뉴스라는 것은 방송사 전체에서 볼 때 규모도 작고 수익도 그다지 나지 않는 프로그램이었다. 뉴스를 모으고 보도를 내는 데는 비용이 들었다. 특히나 다른 나라 뉴스의 경우는 더욱 그랬다. 방송사들은 뉴스 운영을 하면서 명성을 얻고 연방통신위원회에서 부과한 '공공 서비스' 의무를 다하긴 했다. 하지만 돈벌이가 안 되었기에 뉴스를 가장 손실 나는 항목으로 여겼다. 방송사들은 뉴스에 할당하는 방송 시간의 분량을 늘리는 데 거의 이점이 없다고 생각하고 24시간 뉴스 채널이 생기도록 그냥 두었던 것이다.

더욱 근본적인 문제는 이 방송사들에게 CNN처럼 24시간 뉴스 운영의 경제성에 대한 통찰력이 없었다는 것이다. CNN의 한 임원은 이렇게 말했다. "만일 CBS가 기자를 말리의 팀북투에 파견해서 1면 기사를 준비한다면, 그 내용을 두세 번 정도만 이용할 겁니다. 그러나 우리가 똑같은 내용을 취재하러 사람을 보낸다면 20~30번은 쓸 수 있지요. 10~12번 정도는 CNN 메인 뉴스에서, 또 몇 번은 CNN 인터내셔널 채널에서, 또 몇 번은 헤드라인 뉴스 프로에서, 뭐 이런식으로요. 결국 CNN이 뉴스 한 편에 들이는 비용은 CBS가 들이는 비용의 일부에 불과합니다."

연쇄 반응

독점은 연쇄 반응의 결과물로 생기고 사라진다. 보통 이런 연쇄 반응에는 세 가지 동력인 산업, 경쟁자, 고객의 변화가 필요하다. 이 변화들 또한 다소 비슷한 시기에 나타나야 그 효과가 더 커진다.

텔레비전 업계에서 케이블과 위성 방송을 탄생시킨 산업 변화와 그 경쟁자들의 변화는 있었지만, 시청자의 시청 습관이 바뀌지는 않았다고 가정해보자. 24시간 뉴스 채널의 필요성이 없었을 것이고, 그에 따라 새로운 독점 기회도 없었을 것이다.

한편 시청자들의 요구 사항은 변했지만 기술의 변화가 없었다면 케이블 방송사가 그렇게 널리 퍼지지는 않았을 것이고, CNN의 독점 기회도 없었을 것이다.

마지막으로 산업과 고객의 변화가 발생했지만 전통적인 경쟁자들인 CBS, ABC, NBC가 빠르게 대응했다면, 24시간 뉴스 방송 채널은(20년 이후의 상황이 아니라 1980년에서도) 3~4개 정도 생겨났을 것이다. 이 경우에도 마찬가지로 독점이 생겨날 기회가 없었을 것이다.

따라서 테드 터너가 잡았던 독점 기회를 만들어낸 세 가지 동력 모두가 서로 간에 영향을 줬다고 봐야 한다. 이런 상호작용이 없었다면 새로운 독점을 위한 기회를 생성하는 연쇄 반응도 없었을 것이다.

도요타, 닛산, 혼다는 1960년 중반쯤 미국 시장에 진출했고, 작고 연비 좋은 자동차를 미국 자동차 제조업체가 생산하는 차량보다 뛰어난 품질과 좋은 가격으로 제공했다. 그러나 그들의 그런 전략은 먹히지 않았고, 제2차 세계 석유 파동으로 인해 고객의 변화가 있었던 1981년과 1982년 겨울이 되어서야 빛을 보기 시작했다. 연료 부족과 고가의 기름 가격에 질린 미국인들은 그 어느 때보다 자동차 가치 중 연비를 중요하게 보았다. 이와 동시에 산업이 변화하면서 미국 자동차 회사들의 독점이라는 만화경에 추가적인 압박이 생겼다. 일본의 자동차 회사들이 중대형 차량을 제공하기 시작한 것이다.

여러 요인들이 합쳐지면 폭발로 이어진다. 1983년에서 1985년 사이, GM이 지니고 있던 미국 자동차 시장 점유율은 46%에서 36%로 떨어졌다. GM의 전체 자동차 매출의 1/4 수준만큼 빠진 것이다. 일본의 자동차 제조사들이 그 빠진 만큼의 지분을 가져갔다.

지난 20년간의 코닥 이야기는 독점이 생성되고 변했다가 사라지는 과정을 보여주는 교과서적인 예시이다. 1920년대에서 1980년대 중반까지 60년 이상의 시간 동안 코닥은 북미 필름과 사진 인화 및 현상 시장을 독점하고 있었다. 이미 이야기했듯, 이 독점은 1970년대 후반에 무너지기 시작했다. 코닥의 경영진은 이런 상황을 옛날에도 있던 위기로 보고 심각성을 완전히 인지하지 못한 채 각개 징후에만 대응했다. 결국, 코닥은 자신의 오랜 독점도 지키지 못했고 떠오르는 새로운 독점 기회도 파악하지 못했으며 자본 투자도 못 했다.

코닥 독점의 첫 번째 균열은 경쟁자가 변했을 때 나타났다. 후지의 시장 진입으로 필름 소매상들은 처음으로 제대로 된 코닥 대체품을 찾은 셈이었다. 그 후에 산업 변화가 생겼다. 거대 체인점이 그 어느 때보다 거대한 규모의 필름과 사진 현상 서비스를 제공했다. 이 소매상들은 최신제품인 후지필름을 대량으로 진열대에 올려놓고 코닥을 가격적으로 압박했고, 실제로 그에 성공했다.

연쇄 반응의 다음 재료는 고객의 변화였다. 1980년대 중반까지 베이비 붐 세대들은 대체적으로 수입 상품 사는 것을 꺼리는 습성이 컸다. 그러나 그 후에는 도요타, 혼다, 소니, 파나소닉(Panasonic) 제품으로부터 좋은 인상을 받게 되었다. 그러면 일제 카메라 필름을 피할 이유가 뭐가 있을까?

디지털 카메라가 도래하면서 코닥의 악몽이 완성되었다. 이것은 그나마 남아 있던 코닥의 필름 독점에 최후의 일격을 가했다. 디지털 카메라로 인해 코닥의 필름, 일회용 카메라, 좀 더 확장하면 필름 현상까지 모든 것이 사라졌다.

이에 대응하는 데 있어, 코닥의 경영진은 두 가지 치명적인 실수를 했다. 첫째, 얼마나 상황이 다양하게 변해가는지 파악하는 데 게을렀다. 그 결과 변화에 적응하기는커녕 그것을 예상조차 하지 못했다. 둘째, 떠오르는 디지털 기술에 투자하는 것이 아닌 익숙한 기술에만 투자를 계속했다. 예를 들어, 1988년 코닥은 근 40억 달러에 달하는 비용을 들여 스털링 드럭(Sterling Drug)을 인수했는데, 인수 합병은 전혀 빛을 보지 못했고 결국 1994년에 그 회사를 매각했다.

이러다 보니 코닥은 디지털 사진이 떠오른 1990년대에 투자를 할 여력이 없었다. 그때 당시 코닥은 스털링 드럭을 인수했던 비용의 절반 금액으로 어도비 시스템즈(Adobe Systems)를 인수할 수 있었다. 포토샵이라는 프로그램 덕에 어도비는 디지털 사진 기술을 소유하고 있다. 오늘날 어도비의 시장 가치는 코닥 시장 가치의 70%, 즉 코닥 매출의 1/10에 이른다.

이야기의 교훈

CNN, 일본의 자동차 제조사들, 또 코닥 이야기에서 얻을 수 있는 교훈은 무엇일까? 두 가지로 볼 수 있다. 첫째, 현실에 안주해서는 안 된다. 모든 기업은 독점 만화경에 의해 생성되는 변화의 대상이 된다. 자신들의 독점을 한 세대, 혹은 그 이상의 세월 동안 유지하려는 기업들은 그 독점 유지를 위해 끊임없이 변화하며 환경에 적응해야 한다.

둘째, 우리가 이번 장에서 파악했던 세 가지 동력의 지평을 계속해서 관찰해야 한다. 산업의 변화(새로운 기술, 법적·규제적 변화, 혹은 그 외 구조적인 변화), 경쟁자 행위의 변화(새로운 라이벌의 등장, 예전 경쟁자의 몰락, 혹은 주요 산업체의 커다란 전략 변화), 고객 요구 사항의 변화(종종 인구, 경제, 문화적 움직임에 근간을 둔 변화) 중 하나만 생긴다고 해도 대응책 준비를 시작해야 한다. 두 가지가 변한다면 역공을 펼칠 때다. 세 가지가 변한다면, 조심하라! 독점 만화경은 보통 예측하기 어려운 결과를 만들어내며 돌아간다.

독점의 기술 9

고객, 경쟁자, 산업 변화에 민감하게 반응하라.
독점은 영원하지 않다.

PART II

이제 독점이 실제로 어떻게 작용하는지 알게 되었으니 독점 만들기 게임으로 뛰어들 준비가 되었다. 이번 PART II에서는 오늘날 가장 영향력 있는 기업가들이 이용하는 일련의 필수 원칙인 독점의 법칙에 대해 배울 것이다. 이 법칙을 따른다면 차기 독점 영역을 발견하고, 그 영역을 장악해 유지하고, 독점 만화경이 돌아가는 상황에서도 언제나 경쟁자들보다 한 발 앞서 나갈 수 있을 것이다.

MONOPOLY
RULES

독점의 법칙

MONOPOLY

10
내 손에 있는 독점은 무엇일까

독점을 찾아라

'독점을 찾아라!' 이것이 어떤 비즈니스에서든 가장 중요한 첫 번째 법칙이다. 당신의 기업이 보유한 독점이 있는지, 그 독점은 어디에 있는지, 왜 존재하며 언제 끝나게 될지를 반드시 알아야 한다.

이는 가장 자주 간과되거나 무시되는 법칙이기도 하다. 경영자들, 컨설턴트들, 투자자들, 분석가들 모두가 오로지 핵심 역량, 전략적 자산, 브랜드 파워, 경영팀, 새로운 제품 등에만 집중한다. 그러나 "우리 기업의 독점은 어디에 있는가?"라고 묻는 사람은 거의 없다.

나는 이에 대해 친구 켄 해리스와 이야기를 했다. 켄은 중견 포장회사에서 부장으로 재직 중이다. "우리가 독점에 대해 생각해봐야 한다는 자네 의견에는 동의해. 그런데 내가 궁금한 것은 어떻게 그 독점을 찾아내는가야. 그냥 위층에 올라가서 CEO에게 '우리는 독점을 찾아야 합니다'라고 말할 수는 없는 노릇이잖나? CEO가 이해할 수 있도록 과정을 설명해줄 수 있어야 해."

켄이 좋은 지적을 했다. 독점에 대해 이야기하는 건 좋다. 그러나 독점을 어떻게 '체계적'으로 찾아낼 수 있을까? 무엇을 찾아야 할까?

다시 기초 이론으로 돌아가 보자. '독점은 충분한 기간 동안 소유할 만한 영역'이다. 모든 산업은 어느 시점에 어디에선가 어느 정도 이익을 보며 소유할 수 있는 영역을 가지게 되는데, 새롭고 빠르게 성장하는 산업에서는 그런 영역이 자주 나타난다. 그러나 오래되거나 쇠퇴하는 산업에서는 그런 경우가 드물다.

100년 전 철강 산업에는 소유할 만한 영역 몇 가지가 있었다. 좀 더 최근인 30년 전쯤에 뉴코(Nucor)가 소형 미니밀* 이라는 훌륭한 것을 발견했다. 그러나 오늘날에는 아마도 철강 산업에서 소유

---

* 열연코일 등 판재류를 생산할 수 있는 전기로 방식의 소규모 제철 공장을 말한다. _옮긴이

할 만한 영역은 없을 것이고, 그런 것이 머지않아 또 나타나리라는 보장도 없다. 반면에, 제약 산업에서는 아직 독점 영역이 많이 있다. 그러나 '충분한 시간(즉 독점 기간)'은 경쟁이 늘어나고 가격 압박이 심해지면서 줄어들게 될 것이다.

독점을 찾을 때 우리는 기본적인 정의를 잊고 잘못된 가정에 의지하는 경우가 많다. 그런 가정 중 하나는 코카콜라, 마이크로소프트, 델, 이베이 등의 경우처럼 독점은 거대하고 뚜렷한 경향이 있다는 것이다. 이렇게 산업을 장악하고 있는 독점들은 소유한다면 정말 좋은 사업들이다. 그래서 이런 영역을 차지할 수 있는 기회를 포착한다면, 누구나 당장 뛰어드는 것이 좋다. 그러나 실제적으로는 규모가 작고 그렇게 확실하지 않은 여러 가지 독점을 취할 수 있을 뿐이다. 그래도 이런 종류의 작은 독점들이 여러 기업들을 움직이는 '수익 엔진'들이다.

독점의 조건

독점을 찾아내는 과정을 시작하기 위해 우선 스스로에게 질문을 해보자. "우리가 현재 보유한 독점은 어디에 있는가?"

여담이지만, 이 질문을 할 때는 정확한 단어 사용이 중요하다. 나는 연구 초창기에 한 기업 이사회에서 이런 질문을 하는 실수를

내 손에 있는 독점은 무엇일까

범했다. "당신 회사의 독점은 무엇인가요?" CEO가 즉각 답했다. "아, 그건 명확하죠. 우리 브랜드입니다. 그 브랜드로 지금 우리가 이 자리에 있는 겁니다." 이걸로 대화가 끝이 나버렸다! 이러면 내가 무엇을 하고 무슨 말을 하든, 그 회사의 누구도 CEO의 말에 반박하며 자신들의 독점이 브랜드가 아닌 다른 데에 있다고 말하지 않을 것이다. 독점에 대해 생각할 때 핵심은 다른 누구보다 먼저 수익이 나는 소유할 만한 영역을 간파하는 능력이다. 따라서 우선은 독점이 '어디에' 있는지에 집중하는 편이 좋다.

현재 독점을 찾아내기 위해 기업 전체를 돌아보고 어떤 제품, 어떤 부문, 혹은 어떤 사업 분야가 다음에 나오는 '다섯 가지 독점 테스트'를 통과하는지 확인하도록 하자. 이에 대한 답변들이 현재의 독점이 실체가 있고, 살아 있으며, 수익이 나는 것인지 판단하는 데 도움이 될 것이다.

첫 번째 질문은 "내 고객이 오직 나만 바라보는가?"다. 이걸 글자 그대로 받아들이라는 의미는 아니다. 고객들이 자사 제품이나 서비스를 유일한 선택지라 생각하고 행동하는지 알아보라는 뜻이다.

짐 코츠(Jim Coates)는 《시카고 트리뷴(Chicago Tribune)》에 정기적으로 기술에 대한 칼럼을 기고한다. 그의 칼럼은 사람들이 시스템 충돌, 심각한 바이러스, 데이터 손실 등 윈도우즈 PC에서 겪는 문제점에 대한 참담한 이야기를 주로 다룬다. 그러나 누구도 자신들의 컴퓨터를 매킨토시로 바꾸겠다고 하는 사람은 없다. 매킨토시가 윈도우즈 기반의 컴퓨터보다 사용자 친화적이라는 평가를 받고 있음에도 불구하고 말이다. 윈도우즈의 영향력이 너무 강력해서 대다수의 컴퓨터 사용자들은 애플 시스템을 대안으로조차 생각하지 않는다. 이것이 우리가 윈도우즈를 설명할 때 '독점'이라는 단어를 사용할 수 있는 이유다.

이와 마찬가지로, 엔터프라이즈 렌트-어-카 고객도 허츠나 에이비스, 혹은 그 외 다른 대안을 고려하는 경우가 극히 드물다. 차를 빌려야 하는 사람들에게 애초에 다른 회사는 선택이 가능한 대안이 아니기 때문이다. 타 렌트사들은 고객을 데리러 오지 않고 렌트한 차를 반납했을 때 집에 데려다주지 않으며, 고객의 보험사와 상대하는 방법을 잘 모르고, 영업점이 편리한 위치에 있지도 않다. 이런 상태에서 시간이 지나자 사람들은 이제 자동으로 이렇게 말한다. "난 대차가 필요하면 엔터프라이즈에 전화해."

두 번째 질문은 "당신의 경쟁자들이 당신을 보지 못하는가?"다. 나는 연구를 하면서 경쟁자들이 자기 집 앞마당과 같은 분야에서 독점 기회를 계속해서 무시하거나, 간과하거나, 혹은 고려조차 하지 않는 것을 보고 놀랐다. 우리는 이런 사례들에 대해 이미 언급했다. 그 외 다음과 같은 이야기들도 최근 비즈니스 역사에서 흔히 찾아볼 수 있다. 폴저스와 맥스웰 하우스는 스타벅스를 무시했다. 모토로라는 노키아가 북미 휴대폰 시장에서 수익을 올리는 것에 눈길조차 주지 않았다. 시어스는 월마트의 위협을 전혀 감지하지 못했다.

왜 이런 일이 생기는 걸까? 기업들이 안일해지고 경제학적, 인구통계학적 현실에 따른 변화의 중요성을 깨닫지 못했기 때문에 나타나는 현상이다.

아마도 가장 중요한 요인은 시장들 사이에 그어놓은 보이지 않는 선에 대한 믿음일 것이다. 궁극적으로 이 선은 별 의미가 없지만, 이것 때문에 경쟁자 위치에 있는 기업들이 당신을 다른 분야나 다른 산업에서 활동하는 것으로 생각할 수 있다. 시어스의 전 회장이 내게 이런 말을 한 적이 있다. "월마트는 할인마트고 우리는 백화점입니다. 그러니까 우리와 월마트를 비교하면 안 되지요." 월마트가 조용히 시어스의 고객들을 모조리 빼앗아 가기 전까지는 괜찮은 생각이었다.

마찬가지로 아메리칸 익스프레스는 시티뱅크(Citibank)의 비자 골드를 경쟁자로 여기지 않았다. "비자는 신용카드야. 평균이나 그 이하 소득을 올리는 사람들에게 대출을 확대하고 이자를 받고 있어. 우리는 출장과 접대 비용을 위한 카드지. 신용 대출을 늘리지는 않아. 그리고 우리 고객들은 상위 15%에 들어가는 사람들이라고." 그러던 어느 날, 아메리칸 익스프레스가 정신을 차리고 보니 이 '경쟁이 안 되는' 그 회사가 자신들의 사업 기반을 먹어치운 진정한 경쟁업체가 되어 있었다.

이런 사각지대는 공급업체, 금융 분석가, 기타 외부인 등이 결함 있는 산업 경계선을 사용해서 강화되는 경우가 많다. 이때 운 좋게 간과된 회사들이 새겨야 할 교훈은 명백하다. 경쟁하는 회사들이 나의 존재를 모르는 상황이라면, 독점 기회를 가질 확률이 높아진다는 것이다.

세 번째 질문은 "당신의 진정한 경쟁자가 당신의 분야 밖에 있는가?"다. 단어의 정의에 따르자면, 독점이란 선택한 시장에 영향력 있는 경쟁자가 없다는 뜻이다. 그러나 시장을 영원히 장악하고 걸어 잠글 수 있다는 의미는 아니다. 유력한 경쟁 상대는 보통 생각하듯 동종 산업의 업체가 아니라는 의미에 가깝다. 진짜 경쟁자는 새로운 제품, 새로운 서비스, 새로운 실현 방법, 새로운 사업 모델 등과 같은 대체재들이다. 이들은 나의 고객에게 동일한 혜택을 완전히 다른 방법으로 가져다준다.

영화 렌탈 사업에서 독점에 가까운 지위를 가진 블록버스터(Blockbuster)의 경우, 주요 경쟁자는 가게 앞에서 테이프나 DVD를 판매하는 노점상이 아닌 넷플릭스(Netflix) 같은 업체다. 다이렉트 메일에 기반한 업체, 주문형 비디오 프로그램을 제공하는 케이블

이나 위성 서비스 업체, 궁극적으로는 인터넷을 통해 영화를 다운
로드하게 해주는 업체인 것이다.

같은 맥락에서 사우스웨스트 항공은 자신들의 경쟁자가 그레
이하운드나 고객의 자가용 승용차라고 생각한다. 자신의 고객들이
대형 항공사를 통해 여행하는 경우는 거의 없기 때문이다. 사우스
웨스트 고객들은 "운전을 할까, 버스를 탈까, 아니면 사우스웨스트
로 갈까?"라고 생각한다. 스타벅스의 하워드 슐츠는 카리부 커피
(Caribou Coffee)나 던킨 도너츠(Dunkin' Donuts)에 대해서는 거의 생
각하지 않는다. 고객이 자기네 커피에 쓰는 돈을 대체재에 쓸 수도
있다는 사실을 더 걱정한다. 스타벅스가 녹차와 다른 비(非)커피류
음료를 도입한 이유다.

마지막 두 가지 질문은 경제학에 기반을 두고 있다.

네 번째와 다섯 번째 질문은 서로 연관되어 있는데, 각각 다음
과 같다. "독점 기업처럼 가격을 책정하는가?" 그리고 "높은 수익,
즉 독점지대를 거두고 있는가?" 독점 기업처럼 가격을 정할 수 없
고 수익을 올릴 수 없다면 독점의 의미가 없다. 가격에 대한 고객
들의 반응을 무시하라는 말이 아니다. 고전 경제학 원론에서 말하
는 OPEC과 같은 독점도 가격이 너무 높으면 조만간 수요(그리고 전
체 매출액)가 떨어진다. 그러나 어느 정도의 범위까지는 경쟁에 대한
걱정 없이 가격을 책정할 수 있다.

혼다는 완전히 접히는 뒷좌석을 장착한 미니밴 시장을 독점하고 있었기에, 오디세이에 대한 홍보나 리베이트 제공을 하지 않았다. 대신, 오디세이 구매 대기 라인이 너무 길어지지 않도록 생산량을 늘리는 데 집중했다. 혼다의 진짜 걱정거리는 딜러들이 가격 프리미엄이나 그 외 부정한 방법으로 고객들이 더 많은 비용을 지불하게 해서, 자사의 브랜드 가치를 손상시키지 않을까 하는 것이었다.

스타벅스는 던킨 도너츠나 카리부 커피가 톨 사이즈 라떼의 가격을 얼마로 매겼는지 어깨너머로라도 보려 하지 않는다. 스타벅스의 유일한 관심은 "우리 매출액이 전체적으로 오를까?"다. 엔터프라이즈 렌트-어-카도 허츠와 에이비스가 가격을 어떻게 책정하는지 신경 쓰지 않는다. 대신, 자신들의 영업점이 위치한 그 지역 물가에 따라 가격을 정한다.

반면에, 독점을 소유하지 못한 기업이라면 변화의 바람이 일 때마다 계속해서 경쟁과 가격 변화를 주시해야 한다. 경쟁이 상당히 심한 항공 산업에서 주기적으로 일어나는 가격 전쟁을 보라. 물론 사우스웨스트는 전혀 영향을 받지 않지만 말이다.

가격 경쟁을 하지 않아도 되는 독점은 매우 많은 이익을 남겨준다. 얼마나 많은지 궁금한가? 보통 산업 전체 평균으로 매출액에서 4.7%의 이익이 남는데, 독점은 3~5배를 더 남긴다. 심지어 10배나 더 이익을 보는 경우도 있다. 이렇게 생각해보자. 마이크로소프트는 매출 1달러마다 40센트의 이익을 남긴다. 프리로섹(Prilosec)과 리피터처럼 특허가 붙은 의약품은 매년 몇십억 달러의 이익을 가져다주는데, 제약 산업의 경우 매출 1달러당 평균 24센트의 이익을 남긴다. 코카콜라는 투자액 35% 이상의 이익을 돌려받고, H&R 블록(H&R Block)의 세무 대행 독점업은 달러당 30%의 이익을 창출해낸다.*

유일하게 손실이 나는 독점은 가격 및 정책 규제, 지나치게 높은 급여, 너무 많은 직원, 특정 사업에 낭비하는 비용, 가끔 있는 부정부패로 인해 수익이 새나가는 국영 소유의 독점뿐이다.

수익성은 궁극적인 독점 시험대다. 현재 소유한 독점이 무엇인지 알아내려면 이익 추이를 자세히 관찰해보라. 전체적으로 봤을 때 평균적인 이익을 내거나 아예 손실을 내는 큰 사업이나 제품 라인 안에도 독점이 숨어 있을 가능성이 있다는 사실을 기억하자. 이런저런 수치를 하나씩 철저히 살피다 보면, 그 규모가 작더라도 나머지 부문을 모두 책임져줄 수도 있는 괜찮고도 감미로운 작은 독점을 찾게 될지 모른다.

---

* 어니타 맥거핸(Anita McGahan)의 「Selected Profitability Data on U.S. Industries and Companies」(Harvard Business School Note), 9-792-066, February 26, 1992)에서 인용한 데이터다. 연구는 20년 이상 서로 다른 여러 산업에 걸쳐 ROS, ROE, ROA를 비교하고 있다.

예를 들어, 샐턴(Salton)은 10억 달러 규모의 회사로 브레드먼 (Breadman), 멜리타(Melitta), 러셀 홉스(Russell Hobbs), 스티플(Stiffel), 타이멕스(Timex), 웨스트클록스(Westclox) 등 잘 알려진 전문 브랜드의 이름으로 소형 가전제품을 만들어 판매한다. 샐턴은 수익이 감소하는 와중에 유통 경로에서 마진이 줄고 경쟁이 심해지면서 전반적으로 어려움을 겪고 있다. 그러나 이 회사에는 다른 브랜드를 모두 합친 것보다 더 많은 이익을 가져다주는 놀라운 작은 독점이 숨어 있었는데, 바로 조지 포먼(George Foreman)의[**] 실내 전기그릴 팬이다. 이것이 있으면 실외 그릴기로 법석을 떨고 연기를 피워대며 잡다한 쓰레기를 발생시키지 않고도 집 안에서 굽는 요리를 할 수 있다. 이는 독특한 제품으로, 여지껏 그 누구도 이런 제품을 생산하지 않았다. 조지 포먼 전기그릴 팬 혼자서 나머지 샐턴 제품군을 지탱하고 있다.

대체 가능성이 생기는 순간 독점은 끝난다

이제 자신의 현재 독점이 어디에 있는지 알게 되었으니, 독점이 존재하는 이유를 생각해보자.

[**] 권투선수 조지 포먼은 선수 생활 은퇴 후 자신의 이름을 딴 그릴기로 사업을 시작했고, 큰 성공을 거뒀다. _옮긴이

독점 관리를 잘하기 위해서는 독점이 어디서 탄생한 것인지 알아야 한다. 혼다의 상황을 돌아보자. 혼다 경영인들이 (많은 사람들이 그랬듯) 미니밴 사업 성공이 뒷좌석이 완전히 접히는 그런 독특한 자산이 아니라 그 브랜드 가치에 있다고 생각했다면, 동일한 기능을 지닌 자동차들이 등장해 경쟁이 발생했을 때도 오디세이에 높은 가격을 붙였을 것이다. 그러나 그들은 그렇게 하지 않았다. 2004년도에 경쟁업체들이 완전히 접히는 시트를 도입하자 혼다의 독점은 사라지기 시작했고, 브랜드 프리미엄은 그 사라진 독점을 메꾸지 못했다. 혼다는 독점을 이용했던 과거와 달리 오히려 경쟁을 다시 시작해야 했다.

1950년대 중반부터 1980년대 후반까지, 사실상 비즈니스계에 있는 모든 사람들은 아메리칸 익스프레스(이하 아멕스) 카드를 가지고 있었다. 업무에 수반되는 비용들을 편리하게 처리하려는 출장자들에게 이 카드를 대체할 수 있는 것은 없었다. 현금은 들고 다니기에 위험하고, 여행자 수표는 번거로웠으며, 신용카드는 한도가 보통 500달러 아래로 너무 낮았다. 결과적으로 아멕스 카드는 절대적으로 필요한 존재였다.

하지만 아멕스 경영진에게 성공의 이유를 물었다면, 즉시 이런 대답이 나왔을 것이다. "브랜드 덕이죠. 모두가 아메리칸 익스프레스 멤버십을 가지고 싶어 합니다. 그래서 우리 카드를 가지고 다니는 사람들이 생겨나는 거죠."

아멕스는 잘 알려진 브랜드였다. 그러나 독점의 원천은 브랜드가 아니었다. 주마다 있는 고리대금업법이 바로 그 독점의 원천이었다. 마스터 카드(Master Card)와 비자 카드(Visa Card)는 1980년대 초반까지 이 고리대금업법의 영향으로 출장 여행 분야에 발을 붙일 수 없었다. 그때에는 500달러 이상의 무담보 고객 대출에서 이자가 12%를 넘으면 불법이었기 때문이다(어떤 주에서는 그보다 더 낮았다). 신용카드 회사들은 자본 회전을 위해서 그 12% 이자보다 더 많은 비용을 들여야 한다. 결국 이들은 수천 달러의 돈을 쓰고 다닐지도 모르는 출장자들에게는 서비스를 제공하지 않으려 했다.

반면에, 아멕스 카드는 대출기관이 아닌 청구카드 회사였기 때문에 이 고리대금업법에 별 영향을 받지 않았고, 출장 여행자 시장에서 독점을 누릴 수 있었다.

아멕스의 독점은 주마다 고리대금업법을 폐지하기 시작하면서 사라졌다. 비자 카드와 마스터 카드는 재빠르게 자신들의 신용 한도를 끌어올려서 출장자들에게 아멕스의 대안으로 떠올랐다. 어느 순간부터 고객들은 아멕스를 다른 카드와 똑같이 보기 시작했다. 차이점은 매년 비싼 연회비를 내거나 매달 카드 대금을 일시불로 꼬박꼬박 지불하는 것뿐이었다. 당연히 수만 명의 사람들이 아멕스를 비자나 마스터로 바꾸기 시작했다.

몇 년 동안 아멕스는 잃어버린 독점을 되찾기 위해 한때 자부심을 가졌던 자신의 브랜드를 점점 더 절망적으로 변하는 경쟁 상황에 밀어넣었다. 광고를 하고, 홍보 이벤트를 열고, 파생 상품을 만들고, 심지어 비자와 같은 신용카드(옵티마 카드)를 도입하는 등 여러 가지 방법을 시도했지만 모두 헛수고였다. 문제는 회사 수뇌부들이 독점의 성질을 완전히 잘못 이해하고 있었다는 점이다. 아멕스의 독점은 강력한 브랜드를 기반으로 한 자산 독점이 아니라, 고리대금업법이 만들어낸 상황적 독점이었다. 그 상황이 변화하자 독점이 사라진 것인데, 이를 오인한 것이다.

이번에는 애플 컴퓨터의 음악 독점에 대해 생각해보자. 아이튠즈 뮤직 스토어와 휴대용 음악 재생기기인 아이팟 덕에, 애플은 온라인 음악 판매 부문에서 거대한 점유율을 차지하며 승승장구 중이다. 그런데 애플 독점의 원천은 무엇일까? 아이팟의 사용하기 쉬운 기능일까? 애플이 온라인 음악 배포를 위해 주요 음반회사들과 체결한 계약일까? 아이튠즈의 성능일까? 애플 마니아들의 충성도일까?

여기서 그 대답이 왜 중요한지 알 수 있다. 만일 애플 독점의 원천이 아이팟의 성능에 있다면 애플은 그것을 재빨리 이용해야 한다. 그리 멀지 않은 시간 내에 소니, 파나소닉, 삼성, 그 외 기타 경쟁자들이 비슷하거나 더 나은 성능의 제품을 들고 나타나면 독점이 끝날 것이기 때문이다. 이런 상황을 피하려면 아이팟의 성능과 기능이 경쟁업체의 제품보다 항상 앞서가도록 열정적으로 제품을 개발해나가야 한다.

애플의 음악 독점이 순전히 브랜드 파워에 의한 것이라면, 상황은 이미 끝난 것이다. 애플의 충성 고객 대다수가 아이팟을 구매하는 순간, 애플은 더 이상 나아갈 데가 없어지기 때문이다. 애플의 음악 독점은 애플의 컴퓨터 독점과 마찬가지로 전체 시장 점유율 4~5%를 넘기지 못할 것이다.

애플 독점의 원천이 복합적인 것이라면 어떨까? 아이팟, 아이튠즈 뮤직 스토어, 애플이라는 브랜드, 또 음반회사들이 마이크로소프트와 같은 공격적인 업체가 아닌 애플에 협력하려는 현실 등이 모두 합쳐져서 독점이 생겨난 것이라면? 이때는 애플의 독점이 날개를 단 셈이다. 몇 년간 그 독점이 이어질 것이고, 충성 고객 수보다 훨씬 더 많은 고객이 있는 시장에도 진출할 수 있을 것이며, 그에 따라 이익도 큰 폭으로 뛰어오를 것이다.

경쟁자들은 뮤직 플레이어를 개선하거나(소니, 록시오Roxio 니트로Nitro), 온라인 뮤직 프로그램(냅스터Napster 리본, 매치플레이Matchplay)이나 소프트웨어(리얼플레이어RealPlayer, 마이크로소프트)를 개발하는 식으로 애플의 복합적인 독점 원천을 부분적으로 공략하겠지만, 애플이 받는 영향은 그리 크지 않을 것이다.

독점은 얼마나 유지할 수 있을까?

여기까지 살펴본 후에는 자연히 다음과 같은 질문을 하게 된다. "충분한 시간, 즉 독점 기간은 얼마나 될 것인가?"

혼다의 미니밴과 같은 자산 기반의 독점이라면, 이 질문에 대한 대답은 보통 바로 나온다. 누군가가 핵심 자산을 베껴가는 순간까지만 독점이 이어질 것이기 때문이다. 실제로 닛산, 포드, 그 외 기타 다른 자동차 제조업체들이 2004년도 모델에 완전히 접히는 시트를 도입하고 난 뒤 혼다의 독점은 소멸했다.

반면에, 소득세 세무 대행 전문기관인 H&R 블록이 누렸던 독점은 40년이 넘게 가고 있다. 그 이유를 이해하고 H&R 블록 독점의 예상 소멸 시기를 규정하려면 그 원천을 분석해야 한다.

매년 1900만 이상의 미국 가구가 H&R 블록을 이용해서 자신들의 세금을 계산하고 환급에 필요한 서류를 제출하며, 어떤 경우에는 예상했던 환급금을 미리 받는다. 아마도 60~70%의 의뢰인은 매년 H&R 블록을 이용해서 세금 환급을 받을 것이다. 이 독점 대상인 고객은 여러 계층으로 구성된다. 미 국세청(IRS)이 만든 세법과 규제 사항으로 혼란을 겪는 노인들, 어떤 혜택도 놓치지 않으려 하는 이민자들, 적당한 수입과 적당하게 복잡한 과세 상황에 놓여 있는 사람들 등이 있다. 이런 고객들은 H&R 블록에 전적으로 의

존한다. 세금 관련 도움을 받으러 찾아갈 만한 곳이 마땅히 없거나, 수수료가 비싼 동네 세무 대리인을 쓰기가 부담스럽거나, 아는 공인 회계사(CPA)가 없기 때문이다.

H&R 블록의 독점을 만들어낸 것은 무엇일까? 믿을 수 없겠지만 바로 국세청이다! H&R 블록의 공식 연혁을 인용해보겠다.

"1950년대 중반까지 국세청은 세금 환급 업무를 위해 해당 지역 국세청 사무소를 찾아가는 누구에게나 무료로 세금 환급 양식지를 작성해주었다. 그러나 실수가 잦아지면서 납세자들의 불평이 생겨났기에 그 서비스를 더 이상 제공하지 않았다. 캔사스 주민들은 국세청이 더 이상은 세무 대행 업무를 하지 않을 것이라는 사실을 알게 되었는데, 바로 이때 블록[원래 Bloch이었으나 회사 이름에서 사용하는 철자대로 Block으로 개명함] 형제는 H&R 블록 광고를 처음 내보냈다." *

몇 주 후, 블록 형제는 자신들이 몇 년간 해왔던 회계 업무보다 더 많은 일을 하게 되었다. 미 국세청이 뉴욕 시에서 납세자 서비스 업무를 그만두었던 1956년에, H&R 블록은 그곳에 7개의 사무소를 열었다. 그때부터 H&R 블록은 전국에 걸쳐 프랜차이즈 지점

---

* H&R 블록의 공식 홈페이지에서 인용한 글이다.

을 열었고, 1962년 기업 공개 이후 1969년에는 뉴욕증권거래소에 상장되기에 이르렀다.

왜 다른 회사들은 H&R 블록처럼 못 했을까? 한 가지 이유는 블록이 다른 업체들이 들어와서 경쟁을 하기 전에 소유할 민한 영역을 모두 점유했기 때문이다. 그렇게 할 수 있었던 것도 H&R 블록의 실질적 경쟁자인 지역 회계법인들이 H&R 블록을 경쟁자로 보지 않았기 때문이었다. 일반적인 회계법인에서 세금 업무란 (지금도 그렇지만) 업무의 집중도를 떨어뜨리는 작업이었다. 심지어 헨리(Henry)와 리처드(Richard) 블록도 1995년 회기 직전에 세무 대행 서비스를 종료하려고 했었다. 이 작업은 한 철에만 하는 것인 데다 중산층 사람들은 수수료가 비싼 공인 회계사들을 꺼렸다. 상황이 이랬으니 회계사들이 H&R 블록을 경쟁자로 보지 않는 것은 당연했다.

결과적으로 H&R 블록은 자신만의 영역을 가지게 되었다. 미국 내 최초의 경쟁업체인 잭슨 휴잇(Jackson Hewitt)이 1986년에 프렌차이즈를 시작했지만, H&R 블록에 비해 규모는 훨씬 작다. 딱 하나 위협 요인은 인트루이트(Intuit)의 터보택스(TurboTax)와 같은 세무 대행 컴퓨터 프로그램이다(이미 언급했듯 독점가들은 대체재를 두려워한다). 그동안 H&R 블록의 매출은 꾸준히 오르고 있다.

H&R 블록은 상황적 독점이 자산 독점보다 더 공고하고 오래간

다는 것을 보여주는 훌륭한 사례다. 완전히 접히는 차량 시트, 제조 공정, 새로운 기술 등은 베낄 수 있다. 그러나 H&R 블록(스타벅스나 엔터프라이즈 렌트-어-카도 마찬가지다)의 상황적 독점을 어떻게 모방하 겠는가? 세무 대행 서비스, 커피, 혹은 렌트카를 똑같이 제공하는 것으로는 부족하다. 아마도 전국에 걸쳐 서비스가 가능해야 할 것 이고, 심지어 현 독점을 공격할 수도 있어야 하기 때문이다.

그러면 무엇이 H&R 블록의 독점을 끝낼 수 있을까? 근본적으 로, 새로운 독점 만화경이 돌아야 한다. 그래야 전혀 생각하지 못한 곳, 즉 완전히 다른 비즈니스 세계에서 온 신참에게 기회가 열린 다. 독점 만화경을 돌릴 수 있는 경향 중 하나는 이미 발생하고 있 다. 바로 산업의 변화다. 인터넷의 발달 덕에 이제 세무 자료를 다 른 나라에 쉽게 전달할 수 있는데, 그곳 회계사는 미국 회계사보다 훨씬 저렴하게 관련 업무를 대행해준다. 고객 역시 변하고 있다. 베 이비 붐 세대들이 은퇴하게 되면서, 이들이 필요로 하는 금융 관련 안내 및 자문 내용과 함께 세금 환급의 복잡성도 바뀌고 있다.

결정적인 변화는 바로 뮤추얼 펀드와 그 중개업자의 수익이 쪼 그라드는 것이다. 이에 대응하기 위해 찰스 슈워브(Charles Schwab) 나 뱅가드 같은 회사는 그 최고의 고객들에게 확정기여형 기업 연 금 제도 401K와 퇴직 연금 관리를 병행한 세무 대행 서비스를 제 공해줄 수 있다. 수익이 연금 계좌당 관리 비용 150~400달러인데,

여기에 세무 서류 작성을 해주고 50~100달러씩 더할 수 있다면 아주 괜찮을 것이다. 특히 이미 고객 정보(특히 재무 관련 자료)를 이용할 수 있고 해외 회계 서비스로 엄청나게 저렴한 비용의 이점을 누릴 수 있다면 말이다.

이런 일이 발생한다면 H&R 블록의 독점은 끝나게 된다. H&R 블록을 운영하는 사람들이 이와 같은 분석을 하고, 한 가지 이상의 대책을 준비해 놓았기를 바란다. H&R 블록은 독점을 소유하기 위한 첫 번째 법칙이 왜 현재 독점을 찾아내 이해하는 것인지 보여주는 생생한 예시다.

독점의 기술 10

독점의 원천은 하나가 아니라 복합적이어야 한다.

11
손안의 독점을 지켜라

잃어버린 서부 지역

'독점을 절대 버리지 마라.' 이 말은 아마도 당첨된 복권을 양도하지 말라는 소리처럼 들릴 것이다. 정상적인 사고방식을 가진 사람이라면 그 누가 독점을 그냥 포기하고 버리겠는가?

그런데 놀랍게도 그런 경영인들이 많다. 비즈니스 역사를 보면 기업들이 수익을 내는 독점을 기꺼이, 심지어 까닭 없이 포기하는 사례가 비일비재하다.

내가 렉서스 자동차를 처음 몰아본 것은 1989년 겨울이었다.

내가 친구인 나게쉬 마트레를 방문하기 위해 새너제이 공항에 도착했을 때 그가 몰고 온 차량이 신형 렉서스 LS 400이었다.

차에 타자 나게쉬가 내게 차가 어떤지 물어봤다. 둘러보니 좋은 가죽 시트에 널찍한 공간, 훌륭한 음악을 들려주는 CD 시스템도 있고 차량도 조용히 잘 나갔다. "내 벤츠 같군." 감탄하면서 내가 대답한 말이다.

나는 핸들링 감은 어떤지 궁금했다. "자네가 직접 몰면서 느껴보지 그러나?" 나게쉬가 제안했고 우리는 자리를 바꿨다. 내가 운전해서 280번 주 고속도로까지 간 다음, 로스 알토스 힐스에 있는 나게쉬의 집까지 이어지는 5킬로미터가량의 구불구불한 길로 진입했다. 고속도로에서는 시속 104킬로미터로, 급커브길에서는 시속 56킬로미터로 몰았는데 전혀 흔들림이 없었다.

"끝내주는군!" 내가 차에서 내리며 나게쉬에게 말했다. "핸들링도 내 벤츠 S 클래스 같아. 어떻게 이런 차를 사게 된 거지?"

나게쉬가 웃으며 말했다. 새 차를 사려고 알아보다가 우연찮게 렉서스 매장에 들어갔는데, 딜러가 차 키를 주면서 주말 동안에 몰아볼 것을 제안했다는 것이다. 나게쉬는 제안을 받아들였고 주말 내내 그 차를 몰아본 다음 월요일에 바로 계약했다.

"물어봐도 될지 모르겠는데 얼마 주고 산 거야?" 나게쉬가 대답했다.

"가격이 최고의 장점이었지. 신형 벤츠 차량을 사려고 5만 달러를 준비해뒀었거든. 그런데 렉서스는 3만 8500달러더라고. 고급 승용차를 사면서 돈 절약해본 것은 이번이 처음이었어!"

우연히도 2주 뒤 나는 또 다른 친구인 한스와 만났다. 이 친구는 뉴저지 주에 있는 메르세데스 벤츠 미국 지사의 임원이었다. 내가 최근에 몰아본 렉서스 차량에 대해 이야기를 했더니, 그 느낌이 어땠는지 한스가 물어봤다.

"솔직히 놀라웠어. 내 S 클래스를 타고 있는 것 같았거든. 핸들링도 S 클래스 같았고 오디오는 더 좋았지. 내가 자네였다면 걱정이 많아졌을 거야. S 클래스 같은 렉서스라니. 게다가 가격은 25% 정도 더 싸고 말이야."

한스는 태연히 렉서스도 좋은 자동차임을 인정했다. 하지만 이렇게 덧붙였다. "그런데 말이야, 결국 도요타 차란 말이지. 그런 과대평가가 걷히고 나면, 고객들은 다시 메르세데스 벤츠로 돌아오게 될 거야."

한스의 설명이 이어졌다. "렉서스가 S 클래스 같다는 것도 나는 동의하지 않아. S 클래스가 렉서스보다 더 크고 성능도 더 좋아. 원래 시속 약 200킬로미터로 아우토반에서 달리는 것을 기준으로 설계되었거든. 렉서스를 그 속도로 몰아봤어?"

내가 답하려 했는데 한스가 끼어들었다. "렉서스랑 비교해야 할 차는 메르세데스 벤츠 E 클래스야. E 클래스는 렉서스보다 5000달러 정도만 비싸지. 고객들은 메르세데스 벤츠의 품질과 명성에 기꺼이 그만한 돈을 더 지불하려 할 거야."

우리 대화는 다른 주제로 흘러갔지만 속으로 이렇게 생각했던 것이 기억난다. '메르세데스 사람들은 이 상황을 받아들이질 못하는군. 렉서스가 주식이었으면 좋겠다. 지금 사놓으면 이익을 엄청나게 볼 텐데.'

당연히 신형 렉서스에 대한 이야기는 미국 자동차 구매자들 사이에서 빠르게 퍼져나갔다. 캘리포니아 주 고급 승용차 시장은 1970년대 초부터 메르세데스 벤츠가 장악하고 있었다. 렉서스는 1988년에 이 시장에 진입했고, 1993년에는 서부 해안가 지역에서 (고급 승용차 중에서) 가장 많이 팔리는 자동차가 되었다. 이 성과는 미국 전역으로 이어졌다. 메르세데스가 고급 승용차 독점 지위를 잃은 것이다.

이 이야기에서 가장 이상한 부분은 메르세데스가 별다른 반격조차 하지 않고 독점 시장을 포기했다는 점이다. 사실 메르세데스는 렉서스가 그 시장을 차지하게끔 행동한 것이나 다름없다.

우선, 메르세데스는 렉서스의 도전을 대수롭지 않게 여겼다. 내친구 한스가 했던 말에 그런 점이 잘 드러난다. 1992년 메르세데스는 신형 S 클래스 시리즈를 선보였는데, 불행히도 그 차들이 그

다지 멋스럽지가 않았다(벤츠를 숭상하는 독일의 자동차 매체조차 좋은 점수를 주지 않았다). 게다가 이전 시리즈보다 무거워졌으며 뭔가 믿음이 덜 갔다. 하필 이때에 메르세데스는 가격까지 1만 달러나 올렸다. 이렇게 되다 보니 메르세데스 벤츠 한 대 값이 렉서스 두 대 값에 육박했다.

당연히 렉서스도 즉각 가격을 7000달러 올렸는데, 그럼에도 여전히 생산하는 모든 물량이 매진되었다. 메르세데스가 디자인을 새롭게 하고 가격까지 조정한 S 클래스를 1993년에 내놓았지만 이미 너무 늦은 때였다. 고급 승용차 시장은 벌써 렉서스가 주도하고 있었고 메르세데스의 독점은 역사 속으로 사라진 것이다.

독점을 잃어버리는 이유

메르세데스와 같이 대단한 기업이 렉서스와 같은 경쟁자로부터 위협을 받는 상황에 효과적으로 대응하지 못했던 이유는 무엇일까?

물론 어떤 경우에, 독점에 의한 명백한 수익은 경쟁자의 관심을 끈다. 그래서 조만간 다른 경쟁자들도 그 독점을 위한 경쟁에 참여하려고 한다. 만일 독점의 주요 특징이 제품의 독특함에 있다면 모조품에 의해 피해를 입기 쉽다. 이것이 바로 메르세데스에 발생한 일이다. 렉서스 LS 400은 메르세데스 벤츠 차량의 복제품이라 할 정도로 비슷한데 가격은 저렴하다. 이런 식으로 유사한 제품에 저렴한 가격이 더해지면 대응하기가 여간 어려운 것이 아니다.

어떨 때에는 경영인들이 자기네 사업의 성격, 즉 그 성공의 원천을 잘못 판단해서 독점이 무너지는 경우가 있다. 아메리칸 익스프레스 카드가 이에 해당하는 사례로, 이 회사의 경영진은 고리대금업법으로 인해 생긴 상황이 브랜드 파워보다 더 중요한 독점 요인임을 깨닫지 못했다.

가끔은 산업, 경쟁자, 소비자 행동이라는 동력에 생긴 커다란 변화 때문에 독점을 유지할 수 없을 때도 있다. 앞서 보았듯이, 케이블 방송과 위성 텔레비전이라는 신기술의 출현과 더불어 소비자들은 하루에 한 번 이상 뉴스를 보기를 원하게 되었다. 이런 변화로 세 곳의 거대 텔레비전 방송사는 예전처럼 뉴스 프로그램 시장에 대한 지배력을 유지할 수 없었다. 그러나 회사 경영진이 시대에 따른 변화 요구에 맞춰 기꺼이 전략을 수정했다면, 이런 변화들을 탐지해낼 수도 있었을 것이다.

1967년, 레이시온(Raytheon)은 자신들의 새로운 전자레인지 기술을 상품화하기 위한 수단으로 아마나(Amana)를 인수했는데, 그 효과가 매우 좋았다. 1970년대 초, 아마나의 레이더레인지(Radarange) 브랜드는 미국 전자레인지 시장의 2/3를 차지하면서 사실상 그 분야를 접수했다. 그러나 이후 1976년까지 아마나의 시장 점유율은 1/5 수준으로 미끄러져 내려왔고, 1980년에는 아예 순위권 밖으로 사라졌다. 무슨 일이 있었던 걸까?

제품 품질이나 브랜드 이미지와는 관련이 없었다. 아마나는 최고의 전자레인지를 제공했고 브랜드 인지도도 상당히 높았다. 그러나 불행히도 한 가지 중요한 분야에서 최악의 경영을 했다. 1970년대는 가전제품의 소매 구조가 변하고 있던 시기였다. 소비자들은 백화점과 거대 쇼핑몰을 선호하며 옛날 방식의 가전제품 취급점에서 멀어지기 시작했다.

그러나 아마나의 사장인 조지 포스트너(George Foerstner)는 백화점을 통해 레이더레인지를 판매하는 방식을 거부했다. 그는 이렇게 말했다. "페니스(Penney's)나 워드(Ward's)에서 최저 임금을 받는 점원이 이 제품을 잘 설명하며 판매할 수 있을 것 같지가 않습니다."

자사 제품은 대리점을 통해서만 구매해야 한다는 포스트너의 주장으로, 소비자들이 레이더레인지 브랜드를 구경하기란 쉬운 일이 아니었다. 전자레인지 시장이 폭발적으로 커지고 있었는데도 말이다. 게다가 아마나의 제품은 가격이 비쌌기 때문에 이후 판매량도 하락하게 되었다. 결국 조지 포스트너와 나머지 경영진의 근시안적 안목으로 아마나는 독점을 잃어버리는 대가를 치루게 된 것이다.

오늘날 썬 마이크로시스템즈(Sun Microsystems)가 이런 형태의 실수를 반복하고 있는 듯하다. 이 회사는 유닉스(Unix) 운영 체제를 탑재한 값싸고 성능 좋은 컴퓨터를 이용하는 엔지니어링 서비스를 제공함으로써 서버 시장에서 최고 자리에 올랐다.* 그 과정에서, 디지털 이큅먼트(Digital Equipment), IBM, 혹은 기타 소형 컴퓨터 제조업체들보다 저렴한 가격에 제품을 공급했다. 1990년대 들어 인터넷과 전자상거래가 성행하자 썬의 서버는 이에 꼭 필요한 물건이 되었다.

그러나 기술 업계가 리눅스(Linux)라는 오픈 소스, 즉 무료 운영 체제가 이끄는 '개방 시스템'과 마주하게 되었을 때, 썬은 그 변화에 순응하는 것을 거부했다. 인텔이나 IBM의 표준 칩을 사용하고 리눅스의 오픈 소프트웨어 모델로 전환하지 않고, 자기네 고유의 칩과 독점 버전의 유닉스를 고집한 것이다.

그러는 동안 IBM와 휴렛팩커드는 썬의 독점 분야 중 고가 시장 점유율을 빼앗아 갔고, 최근에는 델 컴퓨터가 저가 시장에서 썬의 독점 지분을 가져가기 시작했다. 이제 썬은 그 독점과 영영 이별하게 되었다.

---

* 사실 이름 '썬'의 유래가 Stanford Unix Network의 머리글자를 딴 것이다.

가끔은 독점을 누리는 회사가 거부하기 어려운 기회에 유혹되기도 한다. 불행히도 그런 식으로 잠시 한눈을 팔았다가는 독점을 잃어버리는 대가를 치르게 될지도 모른다. 마진은 적더라도 보다 규모가 큰 시장을 좇으려는 시도는 항상 있었고, 특히나 고급 브랜드의 경우 이런 문제가 두드러진다.

1940년대부터 1960년대에 이르기까지, 캐딜락은 최고급 미국 양산 자동차의 상징으로 미국 고급 승용차 시장에서 가장 큰 비중을 차지하고 있었다. 그나마 경쟁자라 할 수 있는 포드의 링컨이 있었지만 한참 뒤쳐지는 수준이었고, 유럽산 고급 승용차인 메르세데스 벤츠, 롤스로이스, 재규어(Jaguar)는 동서부 해안에 사는 괴짜 부자들만 찾는 차였기 때문에 그 영향력이 미미했다.

캐딜락 마크는 심지어 같은 자동차라도 우월하게 보이게 할 정도였다. 사람들은 자신이 찬양하고 싶어 하는 특정 제품이 있다면, 그것을 'oo계의 캐딜락'이라고 불렀다.

그러나 1970년대 초반, 캐딜락은 양적인 것을 추구하기 시작했다. 1966년에서 1978년 사이, 캐딜락의 연간 판매 규모는 20만 대에서 35만 대로 성장했다. 그러나 판매량이 늘어남에 따라 캐딜락은 자신들의 핵심 시장인 부유한 자동차 구매자들에게서 눈길을 돌렸다. 혁신을 멈추고 소위 '열망 집단'이라 불리우는, 평생 소원이 캐딜락 차를 가지는 것이지만 살 수가 없는 그런 사람들을 판매

대상의 표준으로 생각하기 시작했다.

그러는 동안 메르세데스는 묵직한 조작감을 제공하는 잘 만든 자동차로 캐딜락의 고급 승용차 지위를 빼앗아 가기 시작했다. 메르세데스 차는 우수한 핸들링을 자랑했고, 믿을 수 있었으며, 캐딜락을 옛날 차라고 인식하기 시작한 젊은 세대의 기호에 맞았다. 이렇게 해서 1980년이 되었을 때 캐딜락은 그 독점을 완전히 잃었다.

요즘에는 펠라 윈도우즈(Pella Windows)가 캐딜락의 실수를 답습하고 있는 것 같다. 예전부터 펠라는 자체 유통 및 설치망, 고가 정책이 타당해 보일 정도의 우수한 품질을 내세우며 '창문 산업계의 캐딜락'이라 불리곤 했다. 그러나 최근 펠라의 경영진이 공언했듯, 이들은 공장의 생산량을 최대화하며 양적 확장을 추구하기로 결정했다.

경영진이 대형 할인점(홈디포, 로우스Lowe's)과 같은 좀 더 큰 규모의 시장을 추구하며 낮은 품질의 플라스틱 출입문과 창문을 생산하기로 하면서, 펠라는 자발적으로 최고급 시장의 독점 지위를 훼손하고 있다.

마지막으로, 오만함에 가까운 안일함으로 인해 독점이 무너지는 경우도 있다. 한 기업이 특정 시장이나 분야를 오래 차지하면 할수록 피해를 가져올 위험 신호를 무시할 가능성이 높다. 그런 기업의 경영인들은 변화의 필요성을 수용하지 않는 경우가 많고, 고집불통처럼 자신들의 전략이 성공할 것이라 주장하며 자신을 비판하는 사람들의 '무지'와 '비관성'을 욕한다.

20세기 중반까지 전문가용 35밀리미터 카메라라고 하면 라이카의 레인지파인더였다. 다부져 보이게 튼튼하고, 크기도 작고, 휴대하기도 편한 레인지파인더는 전문 뉴스 사진기자들로부터 마치 자기들의 친구와 같이 느껴진다는 좋은 평을 들었다.

그러나 1950년대, 라이카는 당시 새롭게 인기를 얻고 있던 일안 반사식(SLR) 카메라 개발을 거부했다. 당시 이 카메라 개발에 필요한 모든 기술을 가지고 있었음에도 말이다. 라이카의 생각은 이랬다. "SLR은 필요 없어. 레인지파인더가 성능도 더 좋고, 크기도 더 작고, 더 튼튼한 카메라야. 왜 SLR처럼 복잡한 것을 쓰면서 스트레스를 받으려 하지?"

그 틈새를 니콘이 파고들었다. 니콘은 1959년에 주요 신문사 사진기자들에게 무료로, 혹은 엄청난 할인 가격으로 갓 출시한 자신들의 SLR 니콘 F 카메라를 제공했다. 전문 사진기자들은 니콘 F에 한번 손을 대고 나서 그것이 레인지파인더만큼이나 믿을 만하면서도 사진 이미지 조절을 더욱 다양하게 할 수 있다는 것을 알게 되었다. 결국 라이카의 전문가용 35밀리미터 카메라 독점은 역사속으로 사라졌다.

독점 상실을 피하는 방법

지금까지, 한때 공고했던 독점이 다른 사람도 아닌 그 소유자에 의해 공연히 버려진 안타까운 사례들을 살펴보았다. 이제는 운 좋게 얻을 수 있었던 독점을 어떻게 해야 지킬 수 있는지 생각해봐야 한다. 여기 그 다섯 가지 방법을 소개한다.

1. 잠재적 경쟁자, 특히 생각지도 못했던 원천을 가진 자들을 우습게 보지 마라.

이미 보았듯이, 갑자기 나타난 대체품 제공자들에게 시장을 뺏기는 기업들이 많다. 제품이나 서비스를 개선하거나, 새로운 기능을 추가하거나, 새로운 고객이나 시장을 찾는 노력을 통해 언제 어디서든 경쟁자로부터 스스로를 방어할 수 있도록 준비하라.

2. 독점의 진정한 특징과 그 원천을 확실히 이해하라.

"우리 브랜드라서 그래.", "우리 제품이니까 그래.", "우리 품질은 우수해." 이런 식으로 성공 비결을 생각 없이 주문처럼 되뇌이면 안 된다. 그런 분석은 잘못된 것일 가능성이 크다. 차기 독점자는 현재 독점의 진짜 원천을 무너뜨릴 기회를 호시탐탐 엿보고 있을 것이다.

3. 산업, 경쟁자, 고객 변화에 항상 대비하라.

독점 만화경은 어느 때나 돌 수 있다는 것을 기억하라. 환경의 변화(얼핏 보기에 그리 중요해 보이지 않은 변화라 하더라도)를 항상 따라가고, 그런 변화들이 상호작용해서 영향이 커져 충격적인 결과로 이어질 수 있다는 것도 명심해야 한다.

4. 독점을 항상 주시하라.

새로운 시장으로 확장하는 것은 잘못된 일이 아니다. 단, 그 확장을 위한 노력 때문에 지금 가지고 있는 독점을 지키는 데 소홀해지지 않아야 한다. 특히, 브랜드 이미지를 더 많은 사람에게 노출함으로써 발생할 수 있는 영향력을 고려하지 않고 판매량을 늘리는 일에만 급급하지 않아야 한다. 예전 속담을 지금 현실에 맞게 바꿔보자. 가장 현명한 투자는 달걀을 전부 한 바구니에 담고 그 바구니를 지키는 것일 수도 있다.

5. 현실에 안주하지 마라.

크게 성공해 그 성공을 오랜 기간 동안 쉽게 누리는 것만큼 실패를 불러오는 일은 없을 것이다. 기업 문화에 오만함의 징후가 없는지 주시하라. 로마 제국은 사회적, 도덕적 해이함에 의해 무너졌다. 오만함은 당신의 제국이 야만족들에게 넘어갈 정도로 심각한 문제를 가지고 있음을 보여주는 초기 신호이다.

독점의 기술 11

독점은 만드는 것만큼 지켜내는 것 또한 중요하다.
하지만 많은 사업가들이 이 점을 놓치고 후회한다.

12
독점할 다음 시장을 찾아라

준비된 자에게만 찾아오는 기회

독점은 유동적이고, 우리 눈앞에서 빠르게 변하기 때문에 찾기 힘들다. 그렇다고 독점이 여기에 있으니 빨리 오라고 알려주는 신호도 없다. 독점은 다른 무엇인가를 찾는 과정에서 뜻하지 않게 발견하는 경우가 대부분이다. 그런 일이 생기면, 아마도 존 키이츠(John Keats)의 유명한 시에 나오는 한 구절 "강건한 코르테스(stout Cortez)"처럼 느낄 것이다.[*]

…독수리의 눈매를 지닌

코르테스는 태평양을 바라보고 있었지만, 그의 부하들은

말도 안 되는 추측만 하며 서로를 쳐다보았지.

다리엔(Darien) 산 꼭대기는 고요했네.**

성공한 기업가와 성공한 기업은 항상 다음 독점에 대한 생각을 한다. 일부는 거의 편집증적으로 굴기도 한다. 다가올 큰 흐름이나 기회를 놓치고 특장점이 없는 여타 기업과 같은 상태가 될지도 모른다는 두려움이 있기 때문이다. 하지만 더 근본적으로는 독점의 발견이란 유전을 찾는 일과 같기 때문이라고 할 수 있다. 찾는다는 보장이 없고, 재능에 따라 운도 작용해야 한다.

다행히도 과학자 루이스 파스퇴르(Louis Pasteur)의 말은 사실이다. "기회는 준비된 자에게만 온다." 무엇을 찾고 있는지, 또 그것을 어디서 찾을 수 있는지 안다면, 소유할 만한 새로운 영역이 열리는 시기를 예상할 수 있다. 물론 가장 먼저 차지할 수도 있을 것이다. 따라서 언제나 준비가 되어 있어야 한다.

---

* 존 키이츠 (1795~1821)의 시 「채프먼의 호머를 처음 읽고」에 나온다.
** 키이츠가 실수를 범했다는 것은 넘어가자. 사실 태평양을 발견한 사람은 스페인의 탐험가 발보아 (Vasco Núñez de Balboa)지 '강건한 코르테스'가 아니다! 그럼에도 키이츠는 여전히 위대한 시를 썼다.

패턴을 찾아서

차기 독점 기회를 찾기 위해 할 수 있는 일은 무엇일까? 우연한 발견이 아닌 철저한 계획에 의한 발견을 하려고 할 때 말이다. 이럴 때 찾아야 하는 것은 바로 '패턴', 즉 고객들이 무엇인가를 원하는 상황이다. 맛 좋은 한잔의 커피나 편리하게 이용할 수 있는 대차 서비스처럼 기존의 업체가 제공하지 않았던 것을 당장 더 좋게, 더 싼 가격에, 혹은 더욱 효과적으로 제공할 수 있으면 된다. 정확히 말하자면, 다음의 세 가지 조건을 동시에 충족하는 상황을 찾으면 된다.

1. 수요의 출현

먼저, 현재 다른 누구에게서 제공받기 어렵거나 전혀 제공받을 수 없는 그 무엇을 필요로 하는 거대 규모의 고객이 있다.

2. 타성에 젖은 현 서비스 제공자

이 거대 규모의 고객을 거느린 회사들이 '그 무엇'을 효율적으로, 혹은 비용을 덜 들이는 방법으로 제공할 수 없거나 기꺼이 그렇게 하려 하지 않는다.

3. 새로운 능력

이런 수요를 이익이 남는 쪽으로, 그러면서도 고객들이 지불가능한 수준의 가격으로 제공할 수 있는 방법을 머릿속에 그려낼 수 있다.

비즈니스 세계에는 이러한 조건들 중 한두 가지를 만족시키는 수백 가지의 상황이 항상 존재한다. 그러나 그것만으로는 부족하다. 세 가지 조건이 모두 맞아야 하며, 그럴 때만 독점 기회가 열린다.

여기 해당되는 사례가 하나 있다. CNN의 뉴스 전문 채널 독점이 바로 정확하게 이런 기준을 충족한다. 일상으로 바쁜 수많은 사람이 자기 스케줄에 맞는 뉴스를 원했다(수요의 출현). 그러나 뉴스는 돈이 안 된다고 보는 CBS, NBC, ABC는 그 누구도 뉴스 방영 방식을 바꾸려 하지 않았다(타성에 젖은 현 서비스 제공자). 위성 텔레비전과 케이블 방송으로 이런 뉴스 전문 채널의 고객들에게 서비스를 제공하기가 용이해졌고, 수익도 낼 수 있게 되었다(새로운 능력). 만일 이 세 가지 요소 중 어느 것이라도 존재하지 않았다면, 독점도 없었을 것이고 아마 오늘날의 CNN도 없었을 것이다.

핵심 믿음에 대한 이해

독점 기회를 찾는 방법 중 하나는 자신이 속한 산업과 그 주변에 있는 현재 독점들을 분석하는 것이다. 여기에는 독점의 핵심 믿음이 무엇인지 밝혀내는 일이 포함된다. 즉, 독점 주변의 동력들이 어떻게 변해가는지 관찰하고, 현재 독점을 새로운 독점으로 대체할 변화를 파악하는 것이다.

그렇다면 '핵심 믿음'은 무엇일까?

<u>모든 산업과 모든 성공적인 독점은 핵심 믿음에 바탕을 두고 있다. 핵심 믿음은 특정 고객들의 시각과 행동을 반영하는 것일 수 있다.</u> 예를 들어, 한때 허츠가 독점했던 옛날 방식의 자동차 렌트 산업은 "사람들은 여행을 할 때 자동차를 렌트한다"라는 핵심 믿음을 기반으로 하고 있었다. 이 전제에서 시작하여 허츠는 수백 개의 공항 근처에 입점해서 관광객 전용 렌트카를 제공하기 위해 고안한 서비스로 성공을 거두었다(이 핵심 믿음에는 사람들이 여행을 할 때만 자동차를 빌린다는 생각이 내포되어 있다).

또한 핵심 믿음은 사업 성공에 필요한 일에 대한 일련의 가정을 반영하는 것일 수 있다. 예를 들면, 대형 항공사들은 "다양한 목적지로 관광객을 수송할 때 효율적인 경쟁력을 갖추려면 대도시 터미널 집중 방식의 시스템을 꼭 갖추어야 한다"라는 핵심 믿음을 공

유한다.

핵심 믿음은 특정 산업에 속한 기업들의 역할이 무엇인지 규정할 수도 있다. 예를 들면, 전통의 커피 제조사인 맥스웰 하우스와 폴저스는 "우리의 일은 캔 커피를 슈퍼마켓에서 파는 것이다"라는 핵심 믿음을 공유한다.

때로 산업의 가치 시스템을 상징하는 것이 핵심 믿음일 수도 있다. 몇십 년간, 미국 자동차 제조사들은 "소형차는 이익이 남지 않는다", "자동차 구매에 필요한 것은 구매자와 딜러 사이에서 길어지는 흥정이다", "진정한 자동차는 휘발유 내연기관으로 움직이는 차량이다"라는 핵심 믿음들을 기반으로 운영되었다.

독점이 성공할수록, 또 그 독점이 오래가고 더 많은 수익을 낼수록, 그 핵심 믿음은 더욱 깊게 자리 잡는다. 이제는 알 수 있겠지만 이런 고착화는 위험하다. 세상은 절대 변화를 멈추지 않기 때문이다. 어느 순간 기존 핵심 믿음은 경제적 현실을 반영하지 못하게 된다. 그러나 현재 핵심 믿음과 단단히 결합한 산업은 맹목적으로 아무 의문도 갖지 않고 하던 대로 밀고 나갈 것이다.

따라서 특정 산업에서 새로운 독점 기회를 찾으려 한다면, 그 산업의 핵심 믿음에 대한 분석부터 시작하는 것이 좋다. 이런 분석을 통해 그 산업에 존재하는 사각지대, 핵심 믿음(현존하는 독점이 기반한)을 쓸모없게 만드는 힘이나 트렌드 등을 발견해내는 통찰력을 기를 수 있다.

커피 산업이 '슈퍼마켓 판매대에 있는 캔 커피'와 동의어라는 핵심 믿음을 가지고 있다면, 화려하게 장식된 동네 카페에서 비싼 커피를 사 마시는 고객을 맞이할 수 없을 것이다. 마찬가지로, 소형차는 이익이 남지 않는다는 핵심 믿음을 가지고 있다면, 소형차 디자인과 마케팅 활동에 적극적으로 열성을 다할 수 없을 것이다.

변화의 물결을 감지하라

자신의 사업 부문의 핵심 믿음을 파악했다면, 다음 단계는 산업, 경쟁자, 고객이라는 동력에서 나타나는 변화를 찾는 것이다. 이런 변화들은 밀물과 썰물처럼 하룻밤 사이에 혁명을 일으켜 현 독점을 무너뜨릴 수 있다. 이런 물결을 다른 경쟁자가 알아보기 전에 찾아낼 수 있다면, 상당한 수익을 올리는 새 독점을 창출할 기회를 갖게 될 것이다.

현재 이에 해당하는 사례가 있다. 미국의 자동차 업계는 높은 수익이 나는 SUV 시장에서 거의 독점이나 다름없는 상황을 누리고 있다. 이 독점은 다음과 같은 몇 가지 핵심 믿음과 연결되어 있다. "미국인들은 큰 차를 좋아한다", "미국 운전자들은 항상 비교적 싸게 기름을 살 수 있을 것이다", "미국 유권자들은 언제나 큰 자동차에 대한 정부 규제가 완화되어야 한다고 주장할 것이다." 마지막 믿음과 관련하여, 현재 연방 규제들은 SUV 차량을 일반 승용차에 적용되는 연비 요구 사항에서 면책되는 '경트럭'으로 규정하고 있다.

요즘과 같은 환경에서도 하나, 혹은 그 이상의 핵심 믿음을 산산조각 낼 만한 변화의 물결이 일어날 수 있을까?

이미 연료 공급과 가격에서 그런 변화가 일어나고 있다. 중국과 인도의 중산층이 성장하면서, 이들 국가에서 자동차 판매가 급증하게 되었다. 그 결과, 인도와 중국의 운전자들이 곧 전 세계 석유 생산량 소비에서 보다 많은 지분을 차지하게 될 것이다. 이러면 조만간 석유값이 올라갈 것임에 틀림없다. 심지어 미국에서도 말이다. 이런 일이 기름 먹는 하마와 같은 SUV에 대한 미국인들의 태도에 어떤 영향을 주게 될까? 환경론자들이 의회에 압력을 넣어 더욱 엄격한 연비 기준을 채택하도록 할 것인가? 주유소에서 기름 가격이 오른 것을 보고 충격받은 운전자들이 연비가 더 좋은 다른 SUV 차량(이를테면 일본 브랜드)으로 바꿀 것인가? 아니면, 완전히 SUV를 포기해버릴 것인가?

현재 진행 중인 또 다른 변화는 미국이 전문적인 화이트칼라의 업무를 동유럽, 러시아, 인도와 같은 국가로 내보내는 것이다. 이런 나라들에서는 미국에서보다 적은 비용으로 상당한 전문성을 갖춘 인력을 이용할 수 있다. 인터넷 덕택에 지금은 전문성을 국경 너머로, 바다 너머로 그 어느 때보다 빠르게 '전송'할 수 있다.

이런 변화가 앞서 H&R 블록과 같은 기업에 끼칠 수 있는 잠재적 영향력에 대해서는 앞서 이미 언급했다. 만일 찰스 슈워브가 낮은 가격을 제시하기 시작한다면, 심지어 해외 회계사를 이용해 세무 대행 자문을 무료로 제공해준다면, H&R 블록의 독점에 어떤 일이 생길까? 더 넓게 보면 이렇게 질문할 수 있다. 저렴한 국제 화이트칼라 전문 인력들이 주요 회계법인, 컨설턴트, 싱크 탱크, 대학, 광고 대행사, 출판사 등의 막강한 미국 기관들이 누렸던 독점을 어떻게 파괴할 것인가? 이는 어니스트 앤 영(Ernst & Young), 맥킨지 앤 컴퍼니(McKinsey & Company), 랜드 코퍼레이션(Rand Corporation), 스탠퍼드 대학(Stanford University), 영 앤 루비캠(Young & Rubicam), 랜덤 하우스(Random House)와 같은 조직의 전략가들이 지금 붙잡고 씨름해야 할 문제이다.

신입처럼 생각하기

현재의 독점을 파괴할 가능성이 있는 주요 변화의 물결을 알아냈다면, 그 산업에 처음 발을 들이는 신입처럼 생각해야 한다. 델 컴퓨터의 마이클 델, 애플의 스티브 잡스(Steve Jobs), 마이크로소프트의 빌 게이츠(Bill Gates), 제트블루 항공사의 데이비드 닐먼, 버진 (Virgin) 그룹의 리처드 브랜슨(Richard Branson), 스타벅스의 하워드 슐츠처럼 오늘날 각 사업 부문에서 가장 영리한 경쟁자로 손꼽히는 사람을 떠올려라. 그다음 스스로에게 질문하라. "현명한 신입이라면 어디를 공략하는 것이 좋을까? 어디에 집중해야 하며, 그 이유는 무엇인가?"

이런 질문에 답을 내도록 도와줄 수 있는 한 가지 비책은 핵심 믿음을 뒤집어보는 것이다. 예전의 지혜나 과거 투자에 얽매이지 않는다면, 신입은 '화성에서 온 사람'처럼 행동할 수 있다. 즉, 독점을 누리는 사람들이라면 당연하게 여기는 것들에 대해서 의문을 제기할 수 있다는 말이다.

예를 들어, 주요 신용카드 산업에서 통용되는 핵심 믿음은 '적당한 수준의 부채자'로 요약할 수 있다. 신용카드를 많이 쓰는 사람들이 2개월에서 6개월까지 대금을 나눠서 납부하면 소정의 이자를 통해 돈을 벌 수 있다는 것이다. 이들은 이자가 엄청나게 불어나기 전에 대금을 갚는다. 당연하지만, 대금 납부를 못 하거나 안 하는 진짜 신용 불량자가 있다면 카드사는 이들로 인해 손실을 보게 된다. 또한 매달 카드 대금을 일시불로 모두 납입하는 고객에게서도 손실을 본다. 고객이 매달 200달러를 소비하고 청구를 할 경우 대금을 즉시 납입하면 카드회사는 수수료를 1.4달러밖에 못 받는다. 카드 사용자에게 월 청구서를 보내는 데 평균 1.57달러가 드는 것을 감안하면 손해다. 이해타산이 맞지 않는 것이다.

이러다 보니, 카드 대금을 즉시 납부하는 고객들은 카드사들로부터 비교적 좋은 대우를 받지 못한다. 이익 좇기에 혈안이 된 카드사들이 이들에게 부과하는 연회비는 매년 계속 올라가고, 차라리 대금 납부를 더 빨리하거나 카드 사용 금액을 늘리라는 미묘한 압박을 받기에 카드 이용자들은 짜증을 내는 경우가 많다.

이제 가상의 신입처럼 이 상황에 대해 고찰해보자. 우선 독점의 기회는 (1) 수요가 출현하고 (2) 현 서비스 제공자들이 타성에 젖어 있으며 (3) 새로운 능력이 있을 때 생겨난다는 점을 기억하자. 이 신용카드 산업의 경우, (1)과 (2)의 조건은 이미 갖춰져 있다. 매달 카드 대금을 납부하는 신용카드 이용자들은 저렴하고 친절한 서비스를 필요로 하고 있다(또한 당연히 그런 서비스를 받아야 한다). 그러나 신용카드사들은 상당한 금액의 연회비를 청구하지 않고서는 이런 고객들에게서 돈을 벌 수가 없다. 따라서 그들의 수요를 맞춰주지 못한다.

단지 몇 년 전만 해도 신입이 이런 상황을 바꾸기란 거의, 아니 아예 불가능했다. 그러나 이제는 인터넷을 통해 신용카드 계좌를 관리하는 대안을 제시할 수 있다. 요령이 있는 신입의 경우 신용도가 높은 소비자들에게 접근해서 이렇게 제안할 수 있을 것이다.

"저희가 낮은 카드 이자율과 적당한 수준의 연회비를 갖춘 비자 카드를 발급해드릴 수 있습니다. 고객님은 높은 신용도를 유지하며 카드 대금 납부를 곧바로 하셔도 됩니다. 단, 저희와의 모든 거래(청구서 수령, 대금 납부, 카드 이용 질의)를 인터넷으로 하신다는 조건하에서요. 청구서를 우편물로 수령하고자 하신다면, 건당 2.5달러의 요금을 내셔야 합니다."

이 사업 모델은 뮤추얼 펀드사인 뱅가드의 전략과 흡사하다. 좋은 신용도를 지닌 고객들에게 집중하고, 이들이 정말로 저렴한 수수료로(이를테면 거래당 0.5%) 서비스를 이용할 수 있게 함으로써 마케팅 비용과 신용 대손상각을 낮춰서 수익을 내는 방식이다. 뱅가드는 연평균 3000달러를 사용하는 2500만 가구에게 이런 서비스를 제공한다. 약 3억 7500만 달러 정도의 연 매출을 올리는 아주 괜찮은 독점이다. 나쁘지 않다!

사실 이런 새로운 사업 모델은 해당 산업의 사람들 머릿속에 든 핵심 믿음을 바꾼다. "적당한 수준의 부채자에게서 돈을 번다"에서 "즉시 결제하는 사람에게서 돈을 번다"로 변화하게 한다. 이 새로운 핵심 믿음이 숨어 있는 새로운 독점의 문을 열어줄 것이다.

이와 상당히 유사한 맥락에서 엔터프라이즈도 그 분야의 핵심 믿음을 바꾸었다. "사람들은 여행을 할 때(에만) 자동차를 렌트한다"에서 "사람들은 자가용 차를 수리할 때나 특별한 목적을 위해 추가 차량이 필요할 때(에도) 자동차를 렌트한다"로 말이다. 엔터 프라이즈는 이렇게 해서 자신만의 독점을 창출해냈다. 폭스바겐의 경우 "소형차에서는 수익이 나지 않는다"라는 핵심 믿음을 "소형 차라도 잘 만들고, 연비가 좋고, 경제적이고, 내구성이 좋으면, 또 적극적으로 홍보한다면, 사는 사람이 많아질 것이다"로 바꾸면서 미국에서 새로운 틈새시장을 만들었다(그리고 지배했다).

물론 신용카드 업계에도 다른 잠재적 독점 대상이 있다. 잘 나타나 있지만, 해당 사업의 핵심 믿음으로 인해 보이지 않을 뿐이다. 예를 들면, 대부분의 신용카드 회사들은 신용 범위 분포에서 한쪽 끝에 있는, 즉 신용도가 매우 불량하거나 아예 없는 수준인 고객들을 피하기 마련이다.

이것이 바로 프로비디언 파이넌셜(Providian Financial)의 CEO 샤일레시 메타(Shailesh Mehta)가 발견한 독점 대상이다. 그는 독점 대상의 세 가지 조건 중 두 가지를 알아차렸다. 수요의 출현(신용도가 나쁜 사람들을 위한 신용 서비스의 필요성)과 이런 수요를 충족할 생각을 하지 않는 타성에 젖은 기존 카드사가 그것이다. 그러면 이런 수요를 어떻게 수익이 나는 방향으로 충족할 수 있을까?

프로비디언 파이넌셜은 선결제 신용카드의 개념을 도입했다. 고객이 미리 결제를 한 금액만큼만 사용할 수 있도록 하여 기존 후결제 방식의 위험을 제거한 것이다. 놀라울 정도로 많은 고객들이 기꺼이 미리 비용을 지불하고 나중에 그것을 소비하는 '특권'을 받아들였다. 다른 이점들이 많지만, 그중에서도 위험한 동네에서 살거나 일하는 사람들이 현금을 들고 다니는 위험을 피할 수 있다는 점이 가장 크다. 또한 이 카드의 이용자들은 엄격한 월별 예산을 짜 자신들의 소비 패턴을 관리할 수 있다. 이것이 프로비디언의 작지만 놀라운 독점이었다.

그러니까 한 가지 조건을 갖춘 독점 대상을 찾았다고 해서 만족하면 안 된다. 산업 구석구석을 살펴보라. 동일한 패턴의 고객 수요, 그런 수요를 충족시킬 수 없거나 충족시키지 않으려는 타성에 젖은 현 서비스 제공자, 그 수요를 충족시킬 새로운 능력이라는 세 가지 특징을 모두 갖춘 복합적이고 잠재적인 독점 대상을 발견할 수 있을 것이다.

통찰력을 검증하라

이제 분석할 차례다. 당신의 직관을 뒷받침하기 위해서는 상상과 주의 사항을 조심스럽게 계산해야 할 뿐 아니라 사실과 수치를 활용해야 한다.

이때 알아야 할 것은 세 가지다.

첫째, 잠재적 독점 대상의 규모다. 얼마나 많은 고객들이 있는지, 거기서 얻을 수 있는 매출액과 수익 규모는 어느 정도인지, 또 얼마나 오래 그 독점 기간을 이어갈 수 있는지 생각해보라.

둘째, 경쟁자들이 이 독점 대상을 차지하지 못하고 있는 이유다. 새로운 제품이나 서비스를 만들거나, 새로운 사무소나 생산 시설을 확보하거나, 홍보 활동을 하는 데 드는 예상 비용 때문에 주저하고 있는 것인가? 현재 사업 매출이 줄어들거나, 브랜드 이미지가 훼손되거나, 시장을 잃을 수도 있는 위험이 있기 때문인가? 혹은 이 독점 대상이 보유할 만한 가치가 없다고 생각해서인가?

셋째, 다른 경쟁자들이 인지하고 있는 장벽을 넘어설 능력이 당신에게 있는지 여부다. 만일 그렇다면, 어떤 방법으로 장벽을 넘어설 것인가? 다른 기업들이 수익을 내기 어렵다고 생각하는 시장에서 수익을 내는 사업 계획을 마련할 수 있는가?

이 분석을 할 때는 객관성을 유지하는 것이 중요하다. 그렇게 하기란 매우 어렵다. 당신의 아이디어를 위한 열정과 회의론 사이에서 균형을 맞춰야 하기 때문이다. 두 가지 시각 모두가 중요하다. 둘 중 어느 한쪽으로 생각이 쏠리게 된다면 분석 자체가 왜곡될 수 있다.

이 책에서 얻는 교훈이 하나라도 있다면, 가장 중요한 것은 아마도 다음 내용일 것이다. '경영인의 가장 큰 임무는 회사의 다음 독점 대상을 찾아내는 것이다.'

이 일은 결코 쉽지 않을 것이다. 발보아처럼, 어떤 경쟁자도 발을 들이지 않은 사업 기회를 찾는 과정에서 알려지지 않은 위험과 예측할 수 없는 도전을 마주할 것이다. 그러나 자신만의 태평양을 발견하며 자신의 통찰력이 현실에서 증명되는 순간을 경험하면, 다음 독점 대상을 찾는 일이 부단히 노력할 만한 가치가 있음을 알게 될 것이다.

독점의 기술 12

핵심 믿음을 깨고, 신입처럼 시장을 바라보라.
그곳에 독점의 기회가 있다.

13
내 집 앞마당부터 독점하라

근시안적 사고의 대가

25년간, 시카고의 노스 쇼어 지역에는 두 곳의 시어스 백화점이 있었다. 두 곳 모두 부유한 호수 앞 마을에서 16킬로미터 이상 떨어진 내륙 지역에 위치해 있었다. 지난 5년 간은 홈디포가 4개의 거대 점포를 그 마을 안, 혹은 근방에 열었다. 이 과정에서 홈디포 점포들은 집수리에 필요한 물품들을(목재, 못, 선반 받침대, 전기용 테이프 등) 사려고 들르는 수천 명의 고소득층 고객을 끌어들이게 되었다. 이 부유하고 가정적인 고객들은 일단 홈디포 매장에 발을 들이면 보통 비싸고 이익이 많이 남는 제품들, 이를테면 전동 공구, 카페트, 조명 기구, 가전제품 등을 둘러보고 간다.

고객들은 이런 제품들을 보통 시어스에서 샀었는데, 이제는 홈디포에서 살 가능성이 생겼다는 말이다.

시어스에 참으로 쓰라린 사실이지만 이 세계적 기업의 본사는 시카고의 북서쪽 외곽 지역에 위치해 있다. 홈디포는 노스 쇼어에 있는 4개 점포에 수익이 잠재되어 있는 것을 알 수 있었는데, 왜 시어스는 그 전에 최소 2개 정도의 점포를 내놓지 않았을까? 시어스는 자신의 홈그라운드에서 또 어떤 기회를 놓쳤을까?

불행히도, 독점을 구축할 절호의 기회를 코앞에서 놓친 대기업은 비단 시어스만이 아니다. 그런 대기업들의 근시안적 행태는 그들이 놓친 것이 무엇인지 꿰뚫어 보는 신입들에게는 더할 나위 없는 기회를 제공한다.

앞서 기업가 데이비드 닐먼이 잘 사용되지 않는 뉴욕 시 JFK 공항에 숨은 독점을 어떻게 알아냈는지에 대해 이야기한 바 있다. 닐먼은 이 공간을 이제 막 시작한 제트블루 항공사를 위한 거점으로 만들었다. 이것은 분명 대단한 독점 구축 이야기다. 하지만 이 이야기에서 가장 흥미로운 측면은 제트블루가 JFK 공항으로 도박을 하고 성과를 거둔 것이 아니라는 점이다. 우리가 진짜 알아야 할 것은 다음과 같다. '어떻게 사우스웨스트 항공은 바로 자신의 앞마당

에서 그런 기회를 놓쳤는가?'

사우스웨스트는 이미 뉴욕의 아이슬립, 로드 아일랜드의 프로비던스, 뉴 햄프셔의 맨체스터와 같은 그런(비교적) 가까운 도시들로 항공기 운항을 하고 있었다. 브랜드가 있고, 직원이 있고, 항공편도 있었다. 심지어 제트블루 창립자인 데이비드 닐먼*과 똑같은 기업가적이고 기회주의적 철학도 가졌다. 그러면 사우스웨스트는 어째서 자기네 앞마당에 있는 이런 수십억 달러 규모의 독점 공간을 놓친 것일까?

사우스웨스트 항공은 그 기회를 못 본 것이다. 예전부터 사우스웨스트 항공은 제2공항을 찾아 거기에서 나오는 이점을 차지하려 했다. 이를테면, 저렴한 착륙료, 신속한 항공기 환승, 교통체증이 없는 환경, 주요 항공사와의 경쟁 회피 등 말이다. 또한 가능하면 문제가 없거나 매우 적은 곳, 약 800~1120킬로미터 내의 근거리 목적지가 많은 곳, 인력 수급에 문제가 없는 위치를 원했다. 그러나 JFK는 교통체증이 심하고, (아마도) 착륙료가 비쌌으며, 항공기 붐빔 현상이 있었다. 그 외에 기상과 노조도 문제였고, 겨우 24킬로미터 떨어져 있는 곳에 주요 항공사들의 메인 공항이 있었으며, 근거리 목적지라고는 거의 없었다. 사우스웨스트의 입장에서는 JFK

---

* 그는 초창기에 자신이 창업한 회사인 모리스 에어(Morris Air)를 1990년대 초반 사우스웨스트 항공에 매각한 적이 있다.

는 올바른 선택지가 아니었던 것이다.

그러나 사우스웨스트 항공이 JFK 공항을 평가한 일반적 척도는 독점의 기회를 놓치게 만들었다. 국내 비행을 기준으로 할 때 JFK는 제2공항이었다. 낮 시간에는 이용도가 떨어지기 때문에 공항 경영진은 착륙료를 낮추는 협상을 할 용의가 있었다. 게다가 2000년까지 JFK 공항 이용은 계속 증가했다. 지하철이 더욱 가까워졌으니, 교통량이 증가한다면 버스와 공항 리무진도 따라서 늘어날 것이었다. 닐먼이 증명했듯, 핵심은 일상의 피로에 지친 가치 중심적인 뉴욕 사람들에게 JFK에서 비행할 이유를 마련해주는 것이었다.

사우스웨스트 항공사에 너무 과한 비난을 가하지는 말자. JFK 공항에서만 예외였지, 자신들의 성공 공식을 몇 년 동안 훌륭하게 활용했으니 말이다. 데이비드 닐먼과 제트블루는 새로운 독점 기회가 언제나 주변에 존재한다는 것을 증명했다.

미니밴을 대수롭지 않게 본 포드

시어스와 사우스웨스트 항공과 같은 경우는 수없이 많다. 미국의 여러 위대한 기업에서 경험을 쌓은 경영자들이 자신들의 앞마당에서 독점 기회를 간과하는 일은 반복해서 벌어진다.

포드는 1960년대 후반부터 10년간 거대한 독점 기회를 무시했다. 당시 돈 델라로사(Don DelaRossa) 수석 디자이너는 이렇게 말했다. "웨건이나 밴 타입이 아닌 다목적 자동차를 만들어야 합니다. 남성뿐만 아니라 여성도 운전할 수 있고, 주중에는 교외 지역에 사는 가정주부가 쓰다가 주말에는 온 가족이 함께 탈 수 있게 충분한 실내 공간을 제공하는 밴과 웨건의 혼합형 자동차 말입니다."* 1976년에 포드의 자체 시장 조사는 당시 '미니/맥스(Mini/max)'라고 불렸던 이런 자동차가 생산 첫해에만 80만 대가 팔릴 것이라는 전망을 내놨다.

이 아이디어는 노먼 크랜달(Norman Krandall)이라는 포드의 이사가 지지했는데, 크랜달은 강한 개성으로 유명한 인물이었다. 그는 전체 예상 판매량의 1/4만 팔려도 수익이 날 것이라는 점에 주목했다. 그러나 그의 호소는 소 귀에 경 읽기였다.

"크랜달은 자신의 조사에 대한 반응이 거의 없다는 데 놀랐다. 이것은 완전히 새로운 시장을 발견한 것이니, 포드는 이 시장에 대응해야 했다. 그러나 그는 대다수의 포드 경영진에게 더 이상 시장은 중요한 것이 아니라는 사실을 알게 되었다. 이들은 자신들이 시장을 지배할 수 있다고 생각했다."**

---

* 데이비드 핼버스탬(David Halberstam), 『심판(The Reckoning)』(New York: William Morrow & Company, 1986), p.562
** 같은 책 p.564

포드는 미니/맥스 제조를 거부했다. 몇 년 후, 리 아이아코카(Lee Iacocca)가 포드를 나와 후에 크라이슬러의 CEO로 취임했다. 그리고 그곳에서 미니/맥스 제조 계획을 강행하기로 결정했다. 크라이슬러는 1983년 가을에 미니밴을 출시했다. 미니밴은 출시 12개월 만에 20만 대 이상 팔렸고, 그 덕에 벼랑 끝에 서 있던 크라이슬러는 위기를 탈출할 수 있었다.

앞서 IBM과 컴팩이 델 컴퓨터가 PC 시장의 독특한 범주에 있는 고객들을 데려가는 것을 허용하며, 자신들의 앞마당에서 거대한 독점 기회를 놓친 것을 보았다. 그 고객들은 전문적이고 기술적인 업무를 위해 고안된 컴퓨터를 필요로 하는 엔지니어들이었다. IBM과 컴팩은 앞서 IT 나치 이야기에 등장했던 찰리와 같은 엔지니어들의 요구 사항에 대응하기보다는, 이제는 PC 산업계의 거인이 된 델 컴퓨터에게 자리를 열어주었다. 컴팩은 사라졌고(휴렛팩커드에 인수되었다), 최근 IBM은 1981년에 자신들이 만들어낸 것이나 다름없는 시장에서 나오겠다는 계획을 발표했다.

레블론을 비롯한 다른 화장품 회사들은 더바디샵(The Body Shop)의 근간이 된 앞마당 독점을 무시했다. 자연적이고 친환경적인, 동물 실험을 하지 않는 화장품을 원하는 여성 고객들을 공략하며 더바디샵은 7억 5000만 달러 이상의 매출을 기록하고 전 세계 50개 국가에 1900개 이상의 점포를 거느린 다국적 기업으로 성장했다.

내가 가장 좋아하는 예시는 1985년 앨러배마 주 도선 시의 조 말루겐(Joe Malugen)과 해리슨 패리시(Harrison Parrish)가 창업한 무비 갤러리(Movie Gallery)이다. 오늘날 무비 갤러리는 미국에서 세 번째로 큰 비디오 대여업체로 북미 지역에만 2200개 이상의 대리점을 운영하고 있다. 무비 갤러리의 비법은 무엇일까? 간단하다. 비디오 및 비디오 게임 대여와 판매 분야에서 이들은 시골 지역 유통 시장의 최대 공급처다. 사실 북미 전역의 수많은 소도시와 마을에서는 무비 갤러리가 유일한 비디오 및 비디오 게임 대여점이다. 이것이 바로 무비 갤러리가 독점 자리에 오른 이유이다.

그 결과, 이 분야 최고였던 블록버스터가 지난 3년 중 2년간 손실을 기록했으며, 2위 업체였던 헐리우드 엔터테인먼트(Hollywood Entertainment)의 수익 상승은 지지부진했다. 반면에, 무비 갤러리의 매출과 수익은 1990년 중반 이후로 거의 매년 2배씩 늘어났다. 2000년 이후 그 주가도 주당 1달러를 약간 넘는 수준에서 22달러까지 오른 바 있다.

고릴라 분장을 한 사람을 놓치지 마라!

경영자들은 새로운 독점 기회들을 거의 말 그대로 볼 수가 없기에, 그것들이 자신들의 앞마당에 있어도 발견하지도 활용하지도 못하는 경우가 종종 있다. 경영자들이 시장에 대한 전통적 시각에만 집중하기 때문인데, 시장에는 심리학자들이 '프레임 맹시(frame blindness)'라 부르는 것이 존재한다.

최근 간단한 수업용 실험에 참가하여 이 프레임 맹시를 직접 겪어봤다. 나는 31명의 학생들과 함께 짧은 비디오 영상을 보았다. 영상에는 두 팀이 나왔는데, 그중 한 팀은 흰색 티셔츠를 입고 있었고 다른 팀은 검은색 티셔츠를 입고 있었다. 이들은 농구를 하고 있었다. 영상을 보기 전에 강사는 검은색 티셔츠를 입은 학생들이 서로에게 패스한 횟수를 세라고 했다. 테이프가 돌아가는 동안 나는 영상에 집중했다. 열다섯 번이었다. 불이 켜지고, 강사가 지원자들에게 결과를 물었다.

"열다섯 번 패스했습니다." 한 학생이 답했다.

"저는 열여섯 번으로 세었습니다." 다른 학생이 말했다.

"열일곱 번이요" 또 다른 학생의 말이다. 투표가 재빠르게 진행되었고, 열다섯 번이 맞는 것으로 결론이 났다.

이제 강사가 말했다. "좋습니다. 그럼 여러분 중 고릴라 분장을 한 사람을 본 학생이 있나요?"

우리는 서로를 멀뚱히 쳐다보기만 했다. 고릴라 분장을 한 사람? 누구? 무슨 고릴라 분장?

강사가 웃으며 비디오테이프를 다시 틀었다. 영상이 1/3쯤 지났을 때 분명히 고릴라 분장을 한 사람이 화면에 나타났다. 이 사람은 두 팀 사이를 오가며 공을 건네주고, 심지어 화면에서 퇴장하기 전에 카메라를 향해 손까지 흔들어 보였다. 우리 모두가 패스 횟수만을 세는 데 너무 몰입해 있다 보니 이 사람의 존재를 완전히 놓친 것이었다!

이 일을 직접 겪지 않았다면, 이런 일이 가능하다는 사실을 아마 절대 믿지 않았을 것이다.

같은 현상으로 비즈니스 경영자들은 시장 연구를 하는 데 너무 바쁘다 보니(패스 횟수 세기), 바로 코앞에 있는 이상 현상(고릴라 분장을 한 사람)들을 완전하게 간과해버린다.

이런 프레임 맹시에 당하지 않으려면 어떻게 해야 할까? 완벽한 예방법은 없다. 하지만 여기 쓸 만한 다섯 가지 비법을 소개한다.

1. 질문을 통해 지혜를 얻으라.

누군가가 "이건 우리 비즈니스 영역이 아니야"라든가 "고객들이 그걸 필요로 하지 않아" 혹은 "그런 분야의 시장은 돈이 안 돼"라고 말하면서 새로 낸 아이디어를 내친다면, 그냥 끄덕이고 다음 주제로 넘어가선 안 된다. 대신 그 언급된 사항에 대해 다음과 같이 질문한다. 왜 안 됩니까?

왜 우리 비즈니스 영역이 아니죠? 누가 고객들이 그런 것을 필요로 하지 않는다고 하던가요? 그 분야에서 돈을 버는 게 왜 어려울까요? 누군가는 할 수 있지 않을까요? 그렇게 하기 위해 무엇이 필요할까요? 누군가 이미 하고 있는 거 아닐까요? 그렇다면, 혹은 그렇지 않다면 이유가 뭘까요?

2. 현재에 만족하지 마라.

대부분의 기업들에게는 자신에게는 '성공'이지만 남에게는 '도전 과제'가 되는 특정 제품, 시장, 혹은 고객 그룹이 있다. 그러나 그 성공적인 비즈니스에 안일해진다면, 더 많은 것을 성취할 기회를 놓치게 된다. 1990년대 중반, 코카콜라의 CEO인 로베르토 C. 고이주에타(Roberto C. Goizueta)는 코카콜라에 남아 있는 성장 기회가 어디에 있겠느냐는 질문을 받으면, "캘리포니아 남부입니다"라고 대답하곤 했다. 이때는 구소련 소속의 여러 국가들, 중국 본토, 동북 아시아의 '호랑이들', 사하라 이남 아프리카 국가들이 모두 홍수처럼 몰려드는 서양 제품들을 환영하던 시기였는데도 말이다. 고이주에타의 답변은 농담이 아니었다. 그는 캘리포니아 남부의 코카콜라 소비율이 헝가리나 남아프리카와 같은 국가보다 실제로 낮다는 것을 알았다. 고이주에타는 아마 전 세계 사람들이 그 회사의 가장 충성스러운 고객들처럼 열정적으로 코카콜라를 들이켤 때에야 만족했을 것이다.

3. 인접한 시장을 연구하라.

경쟁이 일어나고 있는 시장의 지도를 그리는 것으로 시작하라. 지리적 지도를 그리라는 것이 아니라 제품 종류, 고객 분포도, 혹은 기타 다른 범주를 담은 관념적 지도를 그리라는 것이다. 거기서 주요 기업들이 관리하는 지역은 그들의 상대적 크기를 표기하면서 선을 그어 표시한다. 이 지도가 완성되면 스스로에게 묻는다. "이 지도 너머에 있는 백지 공간을 탐색한다면 무엇을 찾을 수 있을까? 차지할 만한 다른 시장들이 주변에 존재할까?" 코카콜라의 이사진이 1970년대에 그런 지도를 작성했다면 코카콜라, 펩시, 세븐업(7-Up), 닥터 페퍼(Dr. Pepper) 등의 라벨이 붙은 탄산 음료 시장 영역을 그리면서 시작했을 것이다. 그 확장된 지도에는 과일 음료, 차와 커피, 병으로 파는 물, 심지어 더 나아가 칩이나 타코, 피자와 같은 스낵제품들도 포함되어 있었을 것이다. 물론, 코카콜라는 지도의 더 넓은 영역에는 절대 집중하지 않았다. 대신 이런 영역들 중 일부가 코카콜라의 주 경쟁자였던 펩시에게는 중요한 성장 기회가 되었다. 그러면 지도에서 보이는 모든 영역들이 숨은 독점 공간일까? 물론 아니다. 그러나 그런 지도를 작성함으로써 최소한 자기 집(은유적으로 표현해서) 앞마당에 있는 명백한 독점 기회는 놓치지 않을 수 있다.

4. 자신의 공식을 다시 쓰라.

회사가 성공이 입증된 공식을 계속해서 개발해왔다면, 매우 운이 좋은 것이다. 하지만 이제 그것을 바꾸도록 한다. 아직 쓸 만한 공식까지 버리라는 의미가 아니다. 그 공식이 새로운 비즈니스 환경, 새로운 지리적 환경, 혹은 새로운 인구 통계학적 상황에도 적용될 것이라고 장담하지 말라는 뜻이다. 무엇보다 그 '입증된 공식' 때문에 확인되지 않은 새로운 기회가 허무하게 사라지지 않게 해야 한다. 사우스웨스트 항공이 자신들의 전통적인 업무 조건과 맞지 않는다는 이유로 JFK 공항이라는 기회를 놓쳐버린 것처럼 말이다. 비즈니스에서 새로운 접근법은 실제로 효과를 볼 때까지는 쓸모없다고 평가된다는 점을 기억하라.

5. 정신적 일상 규칙에서 벗어나라.

대부분의 경영인들은 6개, 10개, 혹은 15개의 항목으로 된 선호하는 계량적 분석표가 있으며, 이는 보통 그들의 산업에 맞춤식으로 마련되어 있다. 즉, 이들은 부지런히 동일 매장 매출액, 고객 만족도 평가, 고객당 평균 매출액에 주시한다. 이건 좋다. 비유하자면, 농구공 패스 횟수를 세는 일을 잘하는 것도 중요하다. 그러나 주기적으로 프레임을 깨고 새로운 관점에서 해당 산업을 다시 보는 것 또한 중요하다. 완전히 다른 산업의 전문가를 초대해서 한 주 정도 함께 보내며 그 사람의 논평을 들어보거나, 아니면 반대로 그 전문가 영역에서 한 주 보내면서 문외한의 입장에서 새로운 분야에 대해 무엇을 배울 수 있는지를 알아보라. 경영진 회의 시간에는 적극적이고 헌신적으로 "만일 이렇다면?"이라는 질문을 계속 던진다. 예상을 뛰어넘는 색다른 질문일수록 더 좋다.

독점 기회는 드물고 귀중한 것이다. 바로 코앞에 놓인 기회를 가볍게 여기는, 그런 흔한 실수를 하지 말아야 한다.

독점의 기술 13

기회는 멀리 있지 않고 가까이 있다.
하지만 많은 사업가들이 멀리 있는 기회를 좇느라
눈앞의 귀중한 기회를 놓치곤 한다.

14
역순 전략을 활용하라

마음속으로 목표를 잡고 시작하라

앞서 지속가능한 경쟁 우위를 비즈니스계의 성배라고 묘사한 바 있다. 그만큼 이를 성공을 보장해주는 신비로운 만병 통치약으로 생각하는 사람들이 많다.

이 지속가능한 경쟁 우위보다 훨씬 더 숭배되는 것이 있다면, 그것은 바로 '전략'일 것이다. 사실상 비즈니스계에 있는 모든 사람은 성공한 회사와 그렇지 못한 회사 간의 차이는 한쪽은 승리하는 전략이 있었고 다른 쪽은 그런 것이 없었다는 점이라고 생각한다.

훌륭한 전략이 있어서 나쁠 것은 없다. 나도 훌륭한 전략을 갖는 일에 완전히 찬성한다! 그러나 보통은 전략에 잘못된 우선순위를 부여한다. 가장 위대한 기업가들은 전략에 초점을 맞추는 일이 아니라 자신들의 다음 독점을 찾는 일에 집중한다.

사실상, 역순으로 일하는 것이다! 먼저 이들은 어디서 독점을 창출할 수 있는지, 얼마나 오래 그것을 유지할 수 있는지, 또 거기서 얼마나 수익을 낼 수 있는지 알아본다. 그러고 나서 그런 성과를 빨리, 비용을 크게 들이지 않는 방법으로 실현할 전략을 찾는다.

독점이 목표이고 전략은 그 목표에 이르는 길이다. 비즈니스 전문가인 스티븐 코베이(Stephen Covey)는 어떤 노력을 하든 성공하려면 "마음속으로 목표를 가지고 시작하라"라고 했다(아리스토텔레스 Aristotle의 말을 베낀 것이다).

젊은 시절 마이클 델은 자신들의 요구에 맞는 맞춤형 PC를 원하는 고객들(특히 기술자들)이 많다는 것을 깨달았다. 그래서 대학 기숙사 방에서 PC를 조립하고 배송하는 일을 시작했다. 그러는 중에 델은 맞춤형 PC로 돈을 더 벌기 위해서는, 소매상들이 눈독 들이지 못하게 직접 판매를 해야 하고, 비용이 많이 드는 영업 인력 활용이 아닌 전화 주문을 통해 팔아야 하며, 세상에 단 한 대만 있는 PC를 대량으로 만들어낼 유연성이 뛰어난 제조 설비가 있어야 하고,

자본이 충분치 않으므로 공급업체에 재고를 맡겨야 한다는 사실을 알아냈다.

델은 효율적인 공급망, 직접 주문 판매, 그 외 나머지 모든 것이 담긴 자신만의 전략을 짰다. 자신이 지닌 자본으로는 이렇게 해야만 발견한 독점 기회를 살릴 수 있었기 때문이다. 결국, 델의 성공은 먼저 전략을 고안한 다음에 독점 영역을 찾아내는 것이 아니라, 오히려 그 반대의 순서로 이루어졌다.

델을 베낀다고 델과 같아지는 것은 아니다

마이클 델이 독점을 소유하지 않았다면, 그의 전략을 베끼는 것은(MBA에서는 이를 '벤치마킹'이라고 부른다) 무의미한 시도가 된다.

델과 유사해 보이는 게이트웨이(Gateway)라는 회사를 보자. 델 컴퓨터는 1984년 마이클 델의 기숙사 방에서 시작했다. 게이트웨이는 1985년에 창립자인 테드 웨이트(Ted Waitt)가 할머니에게서 출자받은 1만 달러의 대출금을 가지고 사업을 시작했다. 델과 마찬가지로 게이트웨이는 저비용(혹은 저비용을 시도 중인) 기업이다. 델은 1989년에 기업 공개를 했고 게이트웨이는 1993년에 상장했다.

몇 년간은 두 회사가 PC와 인터넷 물결을 타고 순항했다. 그러나 그들의 길은 2000년에 극적으로 갈라진다. 델은 성장을 지속한 반면, 게이트웨이의 매출은 2000년 90억 달러에서 2003년 34억 달러로 떨어지며 무너졌다.

테드 웨이트는 게이트웨이의 운명을 바꾸려 모든 것을 시도했다. 온라인 판매를 더욱 적극적으로 추진했고, 대리점을 연달아 여는가 하면, 가전 산업에도 진출했고, e머신즈(eMachines)를 인수하면서 컴퓨터 할인 매장 사업에 뛰어들기도 했다. 그러나 어떤 것도 효과를 보진 못했다. 게이트웨이의 주가는 최고점일 때 거의 100달러에 육박했지만 폭락하여 2달러 정도가 되었다(최근에는 약 4달러까지 회복했다).

게이트웨이의 하향세에는 집중력이 결여된 경영, 매번 방해만 되는 본사의 움직임, 전략적 실수 등 여러 이유가 있다. 그러나 근본적인 문제는 게이트웨이가 델과는 달리 독점 영역을 가져본 적이 없었다는 점이다.

델은 맞춤형 주문 생산 방식의 PC를 엔지니어, 과학자, 대기업의 기술 인력들에게 공급하는 유일한 업체였다. 반면에, 게이트웨이는 자신의 PC를 그냥 저가의 컴퓨터를 원하는 소규모 회사와 소비자들에게 판매했다. 이들은 기기의 성능과는 무관하게 가격이 싸기만 하면 어디에서 사든 상관하지 않는 소비자였다. 더 낮은 가격의 PC가 베스트바이(Best Buy)와 다른 대형 도매점에 나타나기 시작하면서 게이트웨이의 시장이 사라져버린 것은 당연했다.

오늘날 여전히 소유할 만한 영역이 없는 게이트웨이는 이익은 박하고, 가격은 계속해서 떨어지며, 치열한 경쟁만 남은 대체가능한 상품 시장의 저비용 업체 중 하나일 뿐이다. 그 결과는 너무나도 명백하다. 인터넷 붐이 일던 시기가 끝난 뒤 게이트웨이는 18억 달러의 손실을 봤다.

<u>역순으로 일을 해나가는 것, 그러니까 독점을 차지하고 전략을 세우는 것이 오늘날에는 특히나 중요하다.</u> 신경쟁 시대에는 1950년대부터 1980년대에 걸쳐 경영자들이 믿어왔던 친숙한 전략(브랜드 파워, 독특한 제품, 고품질, 저비용)이 더 이상 효과가 없기 때문이다. 이제 경쟁은 전 세계를 상대로 해야 하고, 시장은 분화되어 있으며, 기술은 거의 하룻밤 사이에 유출되기도 한다. 한때 구시대적인 전략이 독점을 창출한 적이 있었지만 이제는 아니다.

이와 비슷한 사례는 쉽게 찾아볼 수 있다. 시장의 많은 소비재 제조업체들은 아직도 엄청난 광고 비용을 들이는 유명 브랜드만이 독점 형태의 이익을 내는 브랜드 매력을 가진다고 생각한다. 이 공식은 소매상들이 개별 매장이었을 때에나 유효했다. 즉, 과거에는 브랜드가 소매상을 필요로 하는 것보다 소매상이 브랜드의 매력을 필요로 했다. 그러나 오늘날에는 프록터 앤 갬블(Procter & Gamble), 존슨 왁스(Johnson Wax), 러버메이드(Rubbermaid)와 같은 소비재 제조업체의 판매량 중 20% 이상이 하나의 소매상(월마트)에서 나온

다. 이런 상황에서는 유명 브랜드로 독점 수익을 내지 못한다. 물건을 팔면 월마트는 몇 달러를 더 벌게 되지만 제조사는 여전히 수익이 쥐어짜여진 상태로 남는다.

신경쟁 시대에는 제품을 전매하기가 점점 어려워진다. 그것이 외양적 특색이든, 기능적 특성이든, 아니면 저렴한 가격이든, 회사들이 고객들에게 독특한 그 무엇인가를 한 달 이상 제공할 기회를 잡기가 하늘의 별 따기다. 콜게이트(Colgate)가 일회용 전기 칫솔을 출시하면 프록터 앤 갬블이 몇 달 만에 동일한 상품을 출시한다. 밀러(Miller)가 저탄수화물 맥주를 선보이면 버드와이저(Budweiser)가 재빨리 따라 한다. 이런 환경에서는 차별화된 제품의 독점력이 부족해진다.

20년 전, 메이택(Maytag)은 독점을 보유하고 있었다. 수백만 명의 소비자가 메이택의 세탁기, 드라이기, 가스레인지, 식기세척기가 다른 브랜드 제품보다 품질이 좋고 믿을 만하다고 생각했기 때문이다. 오늘날 소비자들은 가전제품 브랜드 간의 차이점에 대해 잘 알지 못한다. 그러다 보니 홈디포와 시어스 브랜드 센트럴(Sears Brand Central)과 같은 거대 유통업체가 메이택이나 다른 제조업체들이 누려왔던 높은 마진율을 줄이도록 압박하고 있다.

규모라는 회사의 자산도 그 힘을 너무 많이 잃었다. 30년 전, IBM은 거대하고 국제적인 판매 인력으로 굉장한 수익이 나는 독점을 누렸다. 어떤 전자기기 업체도 지방 변호사부터 연방 정부에 이르는 고객에 홍보력을 지닌 IBM의 영업 능력을 따라갈 수가 없었다. 하지만 온라인 판매와 서비스가 도입되자, 많은 영업사원은 이제 높은 인건비를 뜻하게 되었다. 영업사원은 연방 정부에 판매할 때는 필요가 없고 지방 변호사에게 판매를 할 때는 인건비 부담이 된다. 규모는 더 이상 독점을 보장하는 요소가 아니다.

레블론: 수익이 없는 거대 브랜드

레블론의 이야기는 경영인이 독점보다 전략에 집중하면 한때 막강했던 브랜드도 수렁에 빠지게 된다는 것을 보여준다.

어떤 방식으로 보든 간에, 레블론은 주요 소비자 브랜드이다. 이들은 2003년 한 해에만 9000만 달러를 투자했을 정도로 광고에 엄청난 투자를 한다. 로렌 허튼(Lauren Hutton), 신디 크로포드(Cindy Crawford), 줄리앤 무어(Julianne Moore), 에바 멘데스(Eva Mendes), 제이미 킹(Jaime King), 할리 베리(Halle Berry)와 같은 배우나 슈퍼 모델을 써서 자신들의 제품을 신문, 잡지, 광고판, 텔레비전 등 다양한 매체에 광고한다.

1932년 창립 후 몇십 년 동안, 레블론의 초점은 브랜드가 가져다주는 수익에 맞춰져 있었다. 1940년, 레블론의 판매 실적은

280만 달러였다. 매출액은 1940년대에만 6배 증대했고, 1950년대에는 7배, 1960년대에는 3배가 올랐다. 1980년대 후반까지 레블론의 수익은 믿을 수 없는 수준에 달했다.

그러나 그 후 10년 동안 레블론의 실적은 형편없어졌다. 지난 22분기 동안 연속 적자를 보였고, 2001년 이후로 약 6억 달러에 달하는 손실을 봤으며, 4년 사이에 CEO가 세 번이나 교체되었다. 1998년에 60달러로 최고점을 찍었던 레블론의 주가는 3달러 미만으로 떨어졌다. 어떻게 된 걸까?

문제는 투자의 부족이 아니었다. 레블론은 계속해서 자신들의 제품 홍보에 공격적인 투자를 했다. 브랜드 관리를 잘못한 것이 아니었다는 얘기다. 레블론의 광고는 관련 업계에서 명성이 자자한 도이치 에드버타이징(Deutsch Advertising)이 만들었는데, 광고 전문가들은 이 홍보물이 세련되고 현대적이며 아름답다고 했다.

레블론의 진짜 문제는 대리점이었다. 레블론의 온 신경은 항상 거대 시장에 쏠려 있었다. 전기작가인 앤드류 토비아스(Andrew Tobias)의 말을 빌리자면, 창립자인 찰스 렙슨(Charles Revson)은 "보통 '소리 없는 절망'에 가까운 가정주부의 일상에 (레블론으로) 작은 짜릿함을 선사해주었다." 헬레나 루빈스타인(Helena Rubinstein), 엘리자베스 아덴(Elizabeth Arden)과 같이 부자들을 대상으로 한 백화점 판매용 화장품 제조업체와는 다르게 레블론은 자신들의 제품을 약국과 대형마트 매장을 통해 팔았던 것이다.

그러나 동네 약국들, 월그린, 월마트가 레블론의 제품을 가장 많이 구매하는 고객이 되면서, 회사의 이익은 쪼그라들었다. 수치가 모든 것을 말해준다. 에스티 로더와 같이 백화점에 납품하는 브랜드는 70%를 넘는 거대 수익을 거두는 반면, 레블론의 이익은 60%이다. 레블론의 '대중화된 명품' 제품들은 강력한 브랜드로는 더 이상 그에 걸맞은 수익을 내지 못하고 있다. 월그린과 월마트는 잘나가는 반면, 레블론은 덤터기를 쓰며 궁지에 몰렸다.

레블론의 경영진은 초점을 전략 관련 질문에서 단 하나의 진짜 중요한 문제로 바꿔야 한다. "브랜드 이미지 전환을 해야 할까? 광고 대행사를 바꿔야 할까? 제품 제조 공정을 바꿔서 비용을 줄여야 할까?" 이런 질문을 할 것이 아니라, 화장품 산업 내에서 발견하고 차지해서 수익을 낼 수 있는 독점 영역이 어디에 있는지 찾아야 하는 것이다.

마찬가지로 모든 산업의 경영자들도 전략에 집중하면서, 전략이 훌륭하면 어떤 방식으로든 훌륭한 독점을 창출할 수 있다고 생각하는 (경영대학원의 원론과 컨설턴트들의 자문을 통해 몇십 년 동안 공고해진) 자연스러운 경향에서 벗어나야 한다. 대신 스스로에게 질문할 필요가 있다. "우리가 가정한 대로 전략이 효과를 발휘한다 하더라도, 그것이 독점을 창출하는 일로 이어질까?" 참고로 말하자면, 전략이 가정한 대로 작동하는 경우는 별로 없다.

여기서 나는 신중하게 제안하고 싶다. 내년도 '전략적 계획' 실천 방안을 취소하고 '독점 창출' 활동으로 대체하라. 다음 독점 시장을 위한 가장 적합한 후보지를 파악해야만, 그곳에 이르게 해줄지도 모르는 전략을 생각해볼 수 있다.

결국 자신이 어디로 가고 있는지 알아야, 그곳에 도착할 가능성이 조금이라도 생기는 법이다.

독점의 기술 14

**아무리 훌륭한 전략도
독점을 만들어내는 일과 이어지지 않을 수 있다.**

15
선점 속도에 집중하라

빨리 선점하지 못하면 잃어버린다

독점 영역을 찾았다고 해서 독점을 소유할 수 있는 것은 아니다. 그 영역을 빨리 차지하고 경쟁자들이 접근하지 못하게 방벽을 쳐야 한다. 이솝 우화에는 거북이가 토끼를 이기는 이야기가 나오지만 비즈니스에서 '느리고 안정적인 것'은 보통 패배로 이어진다. 독점은 선점하는 속도가 핵심이다. 조만간에 경쟁자들이 내가 있는 영역에 밀고 들어올 것이다. 단단히 자리를 지키지 않는다면, 독점은 물 건너가게 된다.

새로운 독점을 찾는 것은 마치 어떤 지역에서 금광을 찾는 일과 비슷하다. 금광을 발견하면 채광 계획을 세우고, 광산과 광물 수집소를 건설하는 등 추가 활동을 위한 시간을 낸다. 아니면, 소문이 퍼져 금을 캐러 너도나도 몰려들기 전에 그 지역 내 가장 좋은 장소를 재빠르게 차지할 수도 있다.

어떤 때에는 시간적 여유로움을 가지기도 한다. 특허, 고유의 기술력, 혹은 경쟁자들이 대적하지 못하는 그 외의 자산이 있어서 독점을 오래 보유할 수 있다면 서두를 이유가 없다. 자신의 위치를 다진 다음, 남은 시장은 걸어 잠그면 된다. 제록스(Xerox)는 체스터 F. 칼슨(Chester F. Carlson)의 건식 복사 기술 특허로 오랜 독점 기간을 누렸고, 그 기간 동안 복사기 사업을 펼쳐나갈 수 있었다. 화이자는 리피터 독점을 2009년까지 보유할 수 있는데, 그동안 리피터의 새로운 응용법을 개발할 시간을 벌었다.

사우스웨스트 항공도 오랜 독점 기간으로 재미를 봤다. 특허나 기술력 때문이 아니라 동종 업계 경쟁자들의 핵심 믿음 때문이었다. 1980년대 중반에 아메리칸 에어라인, 유나이티드, 델타 항공은 피플익스프레스(PeopleExpress)와 같은 여러 저가 항공사들을 문닫게 했다. 이 메이저 항공사들의 경영진들에게 사우스웨스트는 그런 저가 항공사와 별반 다를 것이 없어 보였다. 이들은 대도시 터미널 집중 방식 시스템을 보유하고 있다는 자신감으로 사우스웨스트의 존재를 대수롭지 않게 여겼다. 그 덕에 사우스웨스트는 미국 전역에 자신의 서비스 모델을 확장해나가는 달콤한 시간을 가질 수 있었다.

물론 독점을 방어할 수 있게 되었다고 해서, 의도하는 대로 확장할 수 있다고 안일하게 생각한다면 위험하다. 예전 특허에서 나오는 독점 수익으로 몸집이 커진 제록스는 자신의 전설적인 연구기관인 팰로앨토 연구센터(Xerox PARC)에서 개발한 새로운 컴퓨터 관련 혁신제품에 투자하지 않았다. 이내 제록스는 캐논(Cannon), 리코(Ricoh), 또 전 제휴사인 일본의 후지(하늘도 무심하셔라!)와 같은 신생업체들에 독점을 빼앗기게 된다.

오늘날 저가 항공사가 늘어남에 따라 사우스웨스트는 곤경에 처했다. 만일 사우스웨스트가 전국적인 사업 확장을 늦춘다면 잠재적 수익 시장을 제트블루, ATA, 에어트란(Airtran)과 같은 신생업체에 빼앗기는 위기를 맞이할 것이다. 그렇다고 해서 너무 빠르게 확장하면, 성공을 가져다준 원래의 사업 원칙에서 크게 벗어날 수 있다. 사우스웨스트가 이 원칙을 얼마나 철저히 지키는지는 자신의 앞마당인 뉴욕의 JFK 공항에서 제트블루에 기회를 빼앗긴 이야기를 통해 이미 알고 있을 것이다. 앞으로 몇 년 동안 사우스웨스트의 경영자는 이와 유사한, 즉 어떤 것이 정답인지 명확하지 않은 수많은 결정을 내려야 하는 상황을 마주할 것이다.

한편, 제트블루도 최적의 확장 속도를 결정하는 비슷한 난제에 봉착했다. 너무 느리면 사우스웨스트, ATA, 에어트란, 혹은 신생 항공사가 가장 수익이 나는 시장을 차지하게 될 수 있다. 너무 빠르면, 경기 침체기가 올 경우 자금 압박으로 큰 타격을 받을 수 있다. 지금까지는 데이비드 닐먼이 적극적으로 움직여서 항공기와 노선을 늘리고 제2시장도 구축해서 서비스를 시작했다. 제트블루의 확장 전략이 적당한 속도로 결정되었는지는 시간이 지나면 알 수 있을 것이다.

솔 프라이스가 독점을 잃은 이유

새로운 독점 영역을 발견한 대부분의 회사들은 시간적 여유가 없다. 그 독점 기회가 매력적이고 방벽이 별로 없는 상태라면 기다릴 여유 따위는 없는 것이다. 가능한 빠르게 영역에 들어가 다른 누군가가 도달하기 전에 최고의 위치를 차지하는 것을 목표로 해야 한다. 이렇게 하면 차기 주자는 그 사업에 뛰어드는 일에 대해 다시 생각할 수밖에 없다.

절묘하게도 솔 프라이스(Sol Price)라는 이름을 가진 한 사업가가 1976년에 샌디에이고에서 최초의 웨어하우스 클럽*인 '프라이스 클럽(Price Club)'을 열었다. 근 10년간 솔은 유일한 웨어하우스 클럽 사업자였다. 괜찮은 소규모 독점을 보유했던 그 회사는 1977년 하나의 지점으로 연 매출액 1300만 달러를 기록했고, 1982년에는 10개 지점 3억 6600만 달러 규모로 성장했다.

그러나 그 후 솔은 회사 성장을 둔화했다. 서부 해안 지역을 선호한 나머지, 내륙 지방으로 진출하지 않았던 것이다. 이것이 치명적 실수였다.

1981년, 솔의 경영진 중 한 명인 짐 시네갈(Jim Sinegal)이 회사를 떠나 시애틀에서 자신만의 할인클럽 코스트코(Costco)를 세웠다. 월마트 창업자인 샘 월튼(Sam Walton)은 프라이스 클럽을 방문하고 영감을 얻어, 1983년에 오클라호마의 미드웨스트 시티에서 샘스 클럽(Sam's Club)을 열었다.

이후 솔의 독점은 무너지기 시작했다. 1986년까지 프라이스 클럽은 웨어하우스 클럽 분야에서 선두 자리를 지켰으나 시장 점유율은 40% 밑으로 떨어졌다. 더 안 좋은 소식은 샘스 클럽과 코스트코의 성장 속도가 예상보다 훨씬 빠르다는 사실이었다. 4년 후 샘스 클럽은 49개의 매장을 추가로 개장했고, 코스트코는 37개를 열었다. 반면에, 프라이스 클럽은 28개에서 멈췄다.

1993년, 코스트코가 프라이스 클럽을 인수하면서 솔 프라이스

---

* 고객 회원제로 운영되는 소매업 형태로, 연회비를 지불하는 대신 다양한 상품들을 할인된 가격에 구매할 수 있다. _옮긴이

의 독점은 역사의 뒤안길로 사라졌다.

불행히도 이런 실수를 범한 것은 솔만이 아니었다. 너무 느려서, 너무 산만해서, 혹은 너무 조심스러워서 자신들의 독점을 빠르고 넓게 구축해나가지 못하고 잃어버리는 기업들은 수없이 많다.

솔의 조심스러움은 시애틀에서 시작된 세 회사(코스트코, 스타벅스, 마이크로소프트)의 접근법과 대비된다. 이 세 회사는 공격적이고 재빠른 선점 전략을 추진하면서 엄청난 성공을 거두었다.

1981년 설립 이후 코스트코는 1986년에 37개 매장, 1990년에 69개 매장을 거쳐, 2004년에 300개 이상의 매장을 보유하는 성장을 거듭하며 돌풍을 일으켰다. 비록 샘스 클럽보다 눈에 덜 띄었지만 코스트코는 회원 수만큼은 샘스 클럽과 거의 같았고, 오히려 매출은 더 높았다. 코스트코는 회원 4200만 명에 매출이 344억 달러였으며, 샘스 클럽은 회원 4600만 명에 매출이 329억 달러였다. 수익 역시 더 높았던 코스트코는 성장 탄력을 받아 꾸준하고도 가차 없이 샘스 클럽과의 격차를 벌리기 시작했다.

스타벅스의 경우를 보자. 시애틀에서 성공한 이후 스타벅스의 첫 번째 확장 지역은 이웃한 포틀랜드나 샌프란시스코(이는 이사진의 제안이었다)가 아닌 먼 시카고였다. 창립자인 하워드 슐츠는 스타벅스가 '처음부터' 전국적인 브랜드가 되기를 원했다. 시카고 진출 다음으로는 서부 해안 쪽의 로스엔젤레스로 내려갔고, 샌프란시스코를 거쳐 반대편 해안의 보스턴으로 넘어갔다.

처음에는 비용이 들었지만 이런 식의 확장을 통해 스타벅스 브랜드는 입점한 도시에서 수많은 사람들을 끌어들이는 핵심 시장으로 자리잡을 수 있었다. 특히나 스타벅스가 광고에 그렇게 많은 투자를 할 여력이 안 되었던 점을 감안하면, 이런 식의 이동과 확장이 크게 작용했다. 각 지역에서 그 명성이 입소문으로 전달되어, 스타벅스가 새롭게 들어서는 지역에서는 곧바로 활용할 수 있는 잠재 수요가 생겨났다.

마이크로소프트는 아마도 빠르게 독점을 구축한 측면으로는 궁극의 챔피언일 것이다. 마이크로소프트는 독점 영역을 찾고 난 뒤(PC 도스 운영체제), 시간을 허비하지 않고 체계적으로 스프레드시트, 워드프로세서, 이메일, 그 외 다양한 애플리케이션으로 사업을 확장하며 시장을 장악해나갔다. 스스로 제품을 만들기도 했고, 파워포인트(PowerPoint) 프리젠테이션 소프트웨어, 엔카르타(Encarta) 백과사전, 이후 핫메일(Hotmail)까지 타사제품을 인수하기도 했다. 간단히 말해, 마이크로소프트는 PC 소프트웨어 비즈니스 부문의 소유할 만한 영역 전역에서 확장해나가겠다는 일념을 가지고 있었던 것이다.

아무 데나 성급히 들어가지 마라

지금까지 살펴보았듯 독점 영역을 선점하는 속도는 독점을 구축하는 데 매우 중요하다. 그러나 주의 사항이 하나 있다. <u>진짜 독점 영역이 있는지에 대한 합리적 의심이 들 때는 비즈니스 확장을 서두르지 말라는 것이다.</u>

1990년 후반 인터넷 열풍에 휩쓸렸던 몇몇 회사가 이런 실수를 저질렀다.

1999년 7월, 인터넷 식료품점인 웹밴(Webvan)은 벡텔(Bechtel Corporation)과 미국 전역에 100% 자동화된 창고 26곳 이상을 짓는 10억 달러 규모의 계약을 체결했다. 이는 적극적인 독점 영역 선점의 좋은 예시가 될 수도 있었다. 당시 오클랜드에 있던 웹밴의 최초이자 유일한 창고가 그 수용량의 15% 이하로 가동되고 있지 않았다면 말이다.

웹밴만이 선점 속도라는 전략에 강박적으로 매달린 닷컴회사는 아니었다. 인터넷 소매업체인 아마존, 펫츠닷컴(Pets.com), 이토이즈(eToys), 미디어 업체인 AOL과 야후, 이메일 업체인 핫메일, 웹에 이전시인 커머스원(CommerceOne)과 마치퍼스트(MarchFirst), 아리바(Ariba)를 위시해 그 외 셀 수 없을 정도로 많은 인터넷 소프트웨어 업체가 모두 '매우 중요한 대량 고객층'을 구축하기 위해 가급적 많은 영역을 빨리 차지하려 했다. 속도는 이른바 신경제의 정신 그 자체였다.

그러나 그 속도는 소유할 만한 진짜 독점 영역이 있는 경우에만 효과가 있다. 즉, 고객의 수요, 그런 수요를 충족하는 데 실패한 현 서비스 제공자들, 그런 요구를 수익이 나는 방법으로 충족할 수 있는 새로운 능력이 있을 때만 유효하다. 대부분의 닷컴회사들에게 는 독점 영역이 없었다. 실제 매출을 올리고 수익을 창출하는 기본 적인 비즈니스 모델조차 없던 회사들도 있었다.

몇 안 되는 예외적인 사례가 하나 있는데, 바로 이베이다. 이베 이 경매 사이트만이 충족되지 않은 고객 수요를 맞춰주었을 뿐만 아니라, 성공한 경매 시장에 내재된 네트워크 효과로 이익도 냈다. 더 많은 판매자들이 이베이에 등록할수록, 더 많은 구매자들이 이 베이로 몰려들었다. 이런 효과로 더욱 많은 판매상들이 이베이에 등록해서 더욱 많은 판매자들을 끌어들였다. 최종 결과는 눈덩이 처럼 불어난 판매상과 구매자 행렬이 이베이의 앞길을 막는 모든 것을 쓸어가 버리는 것이었다. 오늘날 이베이는 사실상 유일하게 살아남은 일반 소비자 경매 사이트가 되었다.

이와 반대로, 아마존은 네트워크 효과로 이익을 보지 못했다. 다른 사람들이 아마존에서 책을 산다고 해서 나도 아마존에서 책 을 살 필요는 없기 때문이다. 마찬가지로, 어떤 출판사가 아마존에서 책을 판다고 해서 다른 출판사들도 그럴 이유는 없다. 이렇게 네트워크 효과가 없다는 것은 결국 아마존에게는 자연스러운 독점이 없다는 의미다. 그러나 아마존은 전형적인 브랜드 독점을 기어이 만들어냈다. 특히 최고의 인터넷 서점이 되고자 했던 적극적인(그리고 비용이 많이 드는) 추진력 덕에, 사실상 온라인 서적 판매 그 자체를 의미하는 브랜드가 되었다.

진정한 독점 기회를 보지 않고 생각 없이 몰입한 속도만으로는 시장을 잡을 수 없다. 하지만 진짜 독점 영역을 찾아서 앞서 설명했던 '다섯 가지 독점 테스트'로 그 존재를 확신할 수 있다면 망설일 것 없다. 다른 누군가가 하기 전에 당장 그 영역을 점유하라. 그렇지 않으면 기회를 놓친 것을 평생 후회하게 될 것이다.

독점의 기술 15

**독점의 세계에서는 효과적인 전략보다
우선 시작하는 것이 더 유리하게 작용할 때가 많다.**

16

계속 움직여라:
독점이라는 뛰어넘기의 기술

짧게 뛸까, 길게 뛸까?

당신이 늪지를 지나가고 있고, 그 늪지에는 모래 지반으로 된 땅 조각이 여기저기 있다고 상상해보자. 불행히도 모래 지반의 땅을 나머지 늪지 지역과 구분하기란 거의 불가능한 상황이다. 단단하고 약간 솟아 있는 땅 조각을 밟고 있는 한은 안전하다. 그러나 곧 안전은 환상에 불과하다는 것을 알게 된다. 다음 한 발 나갈 곳을 찾으려 숨을 멈추는 순간, 지반이 가라앉으며 발목까지 순식간에 진흙투성이가 되었기 때문이다. 매 순간마다 모래 지반은 느리지만 가차 없이 당신이 밟고 있는 단단한 땅을 무너뜨린다. 이러면 감히 계속해서 머물러 있을 수도 없는 노릇이다. 솟아 있는 다른 땅을 찾아 끊임없이 움직여야 한다.

이것이 바로 오늘날 비즈니스 세계의 상황이다.

차별성이 없는 상품들이 서로 피 튀기며 경쟁하는 시장은 모래 지반의 늪지대고 독점 기회는 안전한 땅 조각이다. 이 고립된 땅 조각은 경쟁자들이 가장자리를 갉아먹거나 전체를 차지하려 하기에 끊임없이 가라앉을 위험에 처해 있다. 순식간에 독점이 사라져서 땅 조각 위에 있던 기업도 특장점 없는 상품 시장이라는 모래 지반으로 빨려 들어가게 된다.

이런 일이 생기기 전에 미리 새로운 독점 부문들, 즉 건너가 착지할 수 있는 새로운 단단한 땅 조각들을 미리 찾아놔야 한다. 그렇지 않으면 사막이라는 공간을 인류 최초로 파헤쳐 보려 했던 겁 없는 탐험가가 깨달은 바대로, 모래 구덩이에서 나오려고 애쓸수록 더 빨리 빠져들게 될 것이다.

현명한 경영인과 회사라면 직관적으로 이런 현실을 안다. 오늘 안정적인 시장이라도 내일 당장 사라질 수도 있다는 사실을 알고 끊임없이 다음 기회를 주시한다.

미국 자동차 제조업체의 '빅 3' 포드, GM, 크라이슬러는 1970년대 '일본 침략'에 의한 위협을 일찍 알아채지 못했던 것을 반성하고, 1980년대 중반에는 위험을 예상한 뒤 더 나은 성과를 보였다. 일본업체들이 소형차나 경차에서 대형 세단 시장으로 진출함에 따라 크라이슬러를 위시한 미국업체들도 (늦은 감이 있기는 하지만) 미니밴 사업에 뛰어들었다. 대형 세단 시장이라는 단단한 땅 조각이 가장자리에서부터 균열이 일어나기 시작하자, 최근 디트로이트의 수익* 부분을 차지하는 SUV와 픽업 트럭 시장으로 넘어간 것이다. 오늘 이 미국업체들은 또다시 질문을 해야 한다. "다음은 어디로 뛸 것인가?"

아메리칸 익스프레스는 사방치기**와 비슷한 독점 게임을 해왔다. 몇십 년간 아멕스는 자신들의 그린 신용카드가 제공하는 단단한 땅 조각에 의존했다. 그 공간이 붐비게 되자 새로운 외딴 지역으로 뛰었다. 바로 골드 카드다. 그 후엔 다시 플래티넘 카드로 점프했다. 이러다 보니 이제는 미국 내 거의 모든 은행이 비자나 마스터 플래티넘 카드를 발급하게 되었다. 이제 아멕스는 어디로 뛰어야 할까?

어떤 회사들은 자신의 독점 영역이 무너지고 있다는 것을 알고 정말로 극단적인 도약을 하기도 한다. 노키아의 원래 독점은 제지업에 있었다. 그런데 제지업이 아무나 들어올 수 있는 시장으로 바

---

* 잘 알려진 사실이지만 디트로이트에는 자동차 제조공장이 많다. _옮긴이
** 바닥에 숫자를 적고 칸을 지른 사각형을 그리고 그 안에 돌을 던져 넣으며 노는 놀이다. _옮긴이

뀌자 노키아는 큰 점프를 해서 휴대폰 사업에 매진하게 되었다.

독점이라는 뛰어넘기 기술을 마스터하기 위한 핵심은 타이밍이다. 현재 독점 영역에 너무 오래 머무르면, 그 자리가 모래 속으로 가라앉으려 할 때 뛰어넘어갈 곳은 이미 없을 것이다. 썬 마이크로시스템즈에 이런 일이 생겼다. 이 회사는 자신의 유닉스 시스템이라는 땅 조각에 너무 오래 있던 탓에 리눅스로 점프할 수가 없었다. 이와 마찬가지로 블록버스터도 소포 배송을 통한 영화 대여나 다운로드 방식의 영화 서비스로 도약하지 않고 DVD 대여점 사업이라는 땅 조각에 너무 오래 머물렀다.

반대로, 너무 빨리 점프를 해도 문제가 생긴다. 믿고 착지한 그 새로운 땅 조각이 한낱 신기루나 환영에 불과할 수도 있기 때문이다. 그사이 누군가는 재빨리 움직여서 당신이 버린 자리를 차지할 것이고, 그러면 모든 게 끝장이다. 그렇다면 대체 언제, 어디로, 어떻게 다음 도약을 해야 하는 걸까? 지금 밟고 있는 땅 조각이 아직 단단한데 또 다른 매력적인 독점 영역을 찾았다면 어떻게 해야 할까? 머물 것인가, 아니면 뛰어넘기를 할 것인가?

미래를 재설계하라

미래의 독점을 바꿈으로써 생기는 잠재적 위험과 보상에 대해

알아보는 유용한 방법 중 하나로 '시나리오 기획(scenario planning)'
이 있다.

전체 내용이 시나리오 기획 훈련으로 채워진 책도 있지만, 이
훈련이란 간단히 말해서 다음과 같다. 먼저 미래의 산업, 경쟁자,
고객에 영향을 줄 수 있는 핵심 요소들을 나열하고, 이런 요소들이
발전해서 서로 간에 영향을 끼치는 다양한 상황을 고려한다. 그다
음 각각의 상황에 따라 산업계에서 어떤 일이 일어날지 보여주는
그럴듯한 시나리오들을 만들어낸다. 사실상, 시나리오 기획은 전략
계획에서 이정표로 활용할 수 있는 미래의 대안들을 개발하는 기
술이라 하겠다.

예를 들어, GM의 임원진이 오늘 고려해야 할 전형적인 시나리
오 중 하나는 아마도 다음과 같을 것이다.

개발 도상국의 전기 수요 증가와 중동의 끊임없는 불안 요소
로 유가가 배럴당 100달러 이상으로 오른다. 국내 유가도 치솟아
갤런당 10달러를 넘는다. 이란이 최초로 만든 핵무기를 실험하자
미국은 이란의 핵무기 시설을 파괴하기 위해 군사 공격을 시작한
다. 중동 국가들은 이 공격을 비난하고, OPEC이 원유 생산량을 줄
임으로써 새로운 석유 파동이 일어난다. 미국에서는 석유를 구하
지 못하는 사람들이 늘어나고, 이에 의회는 미국산 SUV 차량에 엄
격한 연비 요구 사항을 새롭게 적용한다. 이에 대해 닛산과 혼다는

석유 약 3.8리터로 약 96킬로미터를 이동할 수 있는 새로운 하이브리드 엔진을 탑재한 SUV를 도입한다.

이런 미래 시나리오에서 GM은 무엇을 할 수 있을까?

시나리오 기획은 보통 여러 훈련법과 관점을 대표하는 실무진이 한다. 통찰력을 기르는 데 도움이 되는 미래의 인구, 경제, 기술, 정치, 사회 관련 경향 분석 실력이 뛰어난 외부 전문가를 초대하는 것도 좋은 방법이다. 가장 그럴듯하거나, 혹은 가장 마음에 드는 시나리오 한두 개를 찾았다고 해서 너무 빨리 그에 대한 대책 마련에만 매진하지는 마라. 시간을 들여 자유로운 난상토론을 통해 더욱 낯선 미래들, 즉 앞으로 닥쳐올 수도 있는 운명 몇 가지를 더 떠올리도록 해보자. 소련의 붕괴, 에이즈 창궐, 인터넷 대확산, 혹은 9·11 테러와 같은 일들이 발생하기 10년 전에 이 사건들을 예상했던 사람은 별로 없었을 것이다. 그러나 오늘날 기업들은 이렇게 한때 좀처럼 실현되지 않을 것 같았던 시나리오가 현실이 되며 발생한 일들을 고심하고 있다.

이런 접근법이 마음에 들지 않는다면 '미래 역분석(reverse engineering the future)'이라는 대안이 있다. 시나리오 기획이 "이런 일들이 생길 수 있다. 무엇을 하겠는가?"라고 묻는다면, 미래 역분석은 "여기 당신이 하고 싶은 일이 있다. 이 일이 이루어지려면 어떤 일이 생겨야 하겠는가?"라고 묻는다. 즉, 질문 순서를 바꾸는 것이다.

미래 역분석은 사업과 회사가 오늘부터 10년 뒤에 어떻게 되어 있을지 그리는 일부터 시작한다. 그다음에는 원하는 미래가 어떻게 실현되었는지 설명해본다. 일어날 법하지 않거나 전에 없었던 일들에는 의존하지 않는다. S. 해리스(S. Harris)의 고전적인 만화 중에는 한 과학자가 칠판에 복잡한 방정식을 세워가다가 그 한가운데에 "이 지점에서 기적이 일어난다"라고 써넣는 장면이 나온다. 가능성도 없고 일어난 적도 없는 일에 의존하는 것은 이처럼 기적을 바라는 일과 같다. 대신에 산업, 경쟁자, 고객에 생길 가능성이 높은 변화에 당신의 회사가 적절히 대응했다는 전제하에, 그 결과로서 당신이 원하는 미래가 자연스럽게 실현되는 과정을 보여주도록 한다.

미래 역분석의 설명에서는 두 종류의 변곡점을 파악해야 한다. 하나는 '필연적 사건(showstoppers)', 즉 특정 시장 변화가 발생하기 전에 반드시 발생하는 사건이다. 또 다른 하나는 '시발점(trigger point)'으로 독점 만화경이 상상하는 미래를 향해 돌아가게 하는 사건이나 변화를 의미한다.

미래 역분석 시나리오를 완성하면, 그 뒤로 이어지는 중요한 절차를 위한 준비가 되었다. 이제 그 상상하는 이상적인 미래를 실현하기 위해 해야 할 일이 무엇인지, 그걸 언제 해야 하는지 결정하면 된다.

시나리오 기획도 미래 역분석도 향후 몇 년간 성공적인 도약을 하는 순서를 알려주는 완벽한 비법을 제공하는 것은 아니다. 이는 말할 필요도 없이 당연하다. 우리가 살고 있는 세상은 너무 복잡하고 예측할 수 없는 곳이다. 그러나 한 가지 확실한 것은 주변의 환경이 변화할 때 그저 최선만을 바라면서 버티는 일은 바람직한 선택지가 아니라는 사실이다.

독점의 기술 16

사업과 회사가 10년 뒤에는
어떤 모습일지 궁금하다면 질문을 바꿔라.
무엇을 하겠는가 대신 어떠한 상황적 변화가 생길 것인가로 말이다.

17
독점이 끝나면 무엇을 할까?

어느 독점이나 결국에는 개방된다

1983년 12월 31일 자정이 되어가는 시간, 미국인들 마음속에 있는 질문은 무엇이었을까? '뉴욕의 공이 떨어질 때* 누구를 안고 키스할 수 있을까?' 아니면, '술 마시고 실컷 즐기고 나서 집에 갈 택시를 잡을 수 있을까?' 둘 다 아니고 '전화가 걸릴까?'였다.

그날 밤 12시는 거의 100년간 지속된 벨 시스템의 독점이 만료

---

* 새해 1월 1일 0시가 되면 뉴욕에서는 큰 모형 공을 내리는 행사를 한다. _옮긴이

되는 때였다. 마 벨(Ma Bell)은 역사 속으로 사라졌고 흔히 '베이비 벨스(Baby Bells)'라 불리는 7개의 지역 전화 통신사와 새로 축소된 AT&T로 분할되었다.**

그렇게 거대한 기업이 쪼개진 것은 전례가 없던 일이었다. 노조에서는 직장에 대한 걱정을, 소비자들은 서비스 품질에 대한 걱정을, 의회에서는 자신들의 유권자를 지키기 위한 걱정을 하는 등 여기저기서 탄식과 한숨이 터져 나왔다. 로비스트들은 의회로 쳐들어가 기업 분할을 막거나 조건을 바꾸려고 했다. 그러나 계획은 그대로 시행되었고 이제는 시간이 되었다.

밤 12시가 되었다. 미국인들은 여전히 통화를 잘할 수 있었다. 그러나 벨 시스템의 독점은 사라졌다. 이제는 AT&T가 장거리 전화 서비스, 전화기, 네트워크 장비 경쟁을 마주하게 된 것이다.

그 후로 20년이 지나면서 대부분의 벨 시스템 독점 사업들은 모두 개방되었다. 기업 분할이 있기 전, 장거리 전화는 어디로 연결되나 분당 1달러의 요금이 들었지만 요즘 분당 몇 센트 정도이다 (혹은 인터넷을 통할 경우 거의 무료다). 공중전화 사업도 수익이 나는 독점이었으나 요즘에는 거의 모든 사람들이 휴대폰을 가지고 있기에 공중전화 부스들이 철거되고 있다. 예전 전화기는 비쌌던 반면 기

** 벨 시스템은 AT&T를 선두로 한 여러 전화 통신사와 제조사 및 연구소를 아우르는 명칭이다. 마 벨은 그 애칭으로 'Mother Bell'을 뜻한다. _편집자

능은 많지 않았는데, 이제는 값싼 전화기가 다양한 기능을 탑재하고 있다. 전에는 단거리·장거리 전화 서비스 구매에 선택의 여지가 없었으나 이제는 선택권이 많아졌다.

마 벨에게 생긴 일은 앞으로 모든 기업에게 생길 수 있는 일이다. 모든 독점은 결국 개방된다. 그리고 독점은 한번 사라지면 영원히 돌아오지 않는다. 황금 알을 낳는 거위는 이제 평범한 하얀 알을 낳고, 독점 기간 동안 누렸던 황금 알은 이제 과거의 유물이 되었을 뿐이다.

정부가 소유했거나 정부의 감독을 받는(벨 시스템이 후자의 경우였다) 대규모 독점은 요란하게 산산조각 날 수 있다. 그러나 보통 독점은 잘 알려지지 않은 채 끝나버리기 일쑤다.

델 컴퓨터는 여전히 독점 시장을 보유하고 있는가? 약 10년 동안 델은 전화와 인터넷을 통해 주문형 PC를 제공하는 거의 유일한 업체였다. 그러나 점차적으로 다른 PC회사들이 온라인 스토어를 시작하면서 상당히 유사한 서비스를 제공할 수 있게 되었다. 오늘날 델이 차지하고 있는 PC 독점 영역은 애플, 게이트웨이, 휴렛팩커드, IBM과 같은 업체들로 붐비고 있다.

델의 독점은 이제 어디에 있을까? 델은 자신의 직접 판매 방식 모델을 기업의 전화와 컴퓨터를 연결해주는 네트워크 서버와 대(大)화면 텔레비전과 같은 소비자 가전 등의 부문으로 확장하는 뛰어넘기를 했다. 그러나 이 시장의 경쟁도 이젠 코앞에 다가와 있다. 그러면 델이 소유할 만한 독점 영역은 어디에 있을까? 독점 없는 델의 미래는 어떻게 될 것인가?

독점 개방에서 살아남기

독점이 사라지면 무엇을 할 것인가?

필히 두 가지 선택이 있을 것이다. 하나는 시장 점유를 다투더라도 품위 있게 할 수 있도록 소수의 경쟁자만 있는(그러면서도 자신의 회사가 그 분야 선두를 달리는) '컨트리클럽'을 여는 것이다. 가장 이상적인 계획은 시장을 단 하나의 경쟁업체와 겨루는 구도로 만들어, 경제학자들이 '복점(duopoly)'이라 부르는 체제를 구축하는 것이다. 이렇게 하지 못하면, 몇몇 소수의 그룹까지는 경쟁자에 끼워주는 '과점(oligopoly)'을 대안으로 생각할 수 있다. 다만, 이들 중 누구도 가격 후려치기와 같은 극단적인 경쟁 수단을 쓰지 않아야 한다. 어느 쪽이든 이제 컨트리클럽 운영과 운영 규칙 수립에 집중해야 한다.

일반 의약품 산업은 이런 클럽들이 어떻게 생겨나고 조정되는지 잘 보여준다. 특허 기간이 거의 끝나가는 픽시톨(Fixitol)* 이라는 의약품이 있다고 가정해보자. 특허 만료 시기에 다가갈수록 매우 흥미로운 드라마가 시작된다. 첫째, 특허권 보유자는 포장, 색소 등과 같이 픽시톨의 부차적인 특징에 대해서도 새로운 특허를 신청하는 등 모든 수단을 다해 특허 기간을 늘리려 한다. 그와 동시에 일반 의약품 제조사들은 특허 만료일에 맞춰 자신들만의 픽시톨을 만들 수 있도록 준비한다. 또한 미 식품의약국(FDA, Food and Drug Administration)에 진정서를 제출해서 특허 보유자의 새로운 독점 신청이 하찮고 불필요한 것이라고 주장할 수도 있다.

이 모든 것들이 메인 이벤트에 앞선 곁다리 이벤트이다. 놀랍도록 잘 꾸며진 이 드라마에서 특허 보유자와 일반 의약품 제조사들은 모두 탁자를 두드리며 하나같이 소리친다. "이건 반칙이야!" 그러면서 자기네들끼리 조용히 손잡고 상당한 수익을 가져다줄 수 있는 작은 클럽을 만든다. 여기 그 방법을 소개한다.

특허 보유자는 일반 의약품 제조사들이 제품 가격을 픽시톨 가격의 60~70% 정도로 책정하리라는 것을 안다. 또한 설사 그 일반 의약품이 픽시톨을 대체할 수 있다 하더라도 구매자들의 20~30%는 픽시톨만 사려고 할 것이라는 사실도 알고 있다. 따라서 특허 보유자는 특허 만료 2~3년 전에 픽시톨의 가격을 차차 올리기 시작한다. 결과적으로 일반 약품이 등장하면 픽시톨보다 60% 이상

---

* 여러 가지 불편감을 '해소해준다(fix)'는 의미를 설명하기 위해 필자가 임의로 만들어낸 이름이다.

저렴하게 공급되지만, 픽시톨 가격은 원래보다 30~50% 정도 높은 상태인 것이다!

결과적으로, 픽시톨 제조사는 적은 양의 약을 훨씬 비싼 가격에 팔고, 일반 제조사들은 다량의 약을 약간 높은 가격에 파는 셈이다. 모두가 이익을 본다. 물론 약품을 사용하는 소비자들과 이들의 약품 구매 비용을 지불하는 보험사들만 빼고 말이다.

이 컨트리클럽 접근법은 만료 시한이 다 되어가는 독점의 가치를 극대화하는 하나의 방법이다. 물론 새로운 클럽을 만들 때는 무척 조심해야 한다. 연방 정부는 공공연하게 경쟁을 제한하거나, 가격을 고정시키거나, 아니면 시장을 조종하려는 움직임을 포착하면 의심스러운 눈초리로 주시한다. 그러므로 과점의 이익 일부는 아마도 법의 테두리에서 벗어나지 않도록 해주는 독점 금지법 전문 법조인에게 지급해야 할 것이다.

대안으로는 '화전(slash and burn)' 방식이라 불리는 것이 있다. 독점 만료가 가까워지면 생산 비용과 가격을 크게 내리는 방법이다. 이 조치의 목적은 다른 경쟁자들을 그 사업에서 몰아내고 자신의 시장 파이를 지키는 것이다. 심지어 '황폐화를 시켜놓고 그것을 평화라고 부르는 짓(역사학자 타키투스Tacitus의 로마 제국에 대한 평가)'을 하게 되더라도 말이다. 남이 하기 전에 자신이 직접 제품을 개방해 버리는 것이다.

화전 접근법의 배경이 되는 철학은 이런 식으로 요약할 수 있다. "누군가가 우리 제품을 월마트 가격으로 팔려 한다면, 우리가 그 사람이 되는 것이 낫다."

이것이 벡톤디킨슨(DB, Becton, Dickinson and Company)이 일회용 플라스틱 주사기 시장을 탈환했던 방법이다. 벡톤디킨슨은 1970년대 초에 처음으로 일회용 플라스틱 주사기를 시장에 소개했다. 경쟁자들이 곧바로 해당 산업에 뛰어들었고 벡톤디킨슨의 독점은 금방 끝나버리고 말았다. 이에 벡톤디킨슨은 거대 생산 시설을 짓고 생산 비용을 크게 줄이는 등 공세를 취했고, 그 결과 10년 내 시장 2위인 일본 신생 기업 테루모(Terumo)를 크게 따돌리고 선두 자리를 다시 차지하게 되었다.

델은 지금 기본적으로 이 전략을 따라가고 있다. 델은 모든 전자기기 산업 분야를 주시하며 "어떻게 생산 비용을 낮추고 판매량은 늘려서 이 시장에 진입하고 점령할 수 있을까?"라는 질문을 한다. 이 전략은 데스크톱, 노트북 컴퓨터, 저가의 서버, 네트워크 장비 부문에서 성공을 입증한 바 있다. 이제 델은 이 패턴을 프린터에도 똑같이 적용하려 한다. 현재 엡손(Epson)과 휴렛팩커드가 누리고 있는 편안한 컨트리클럽 복점을 포위하는 과정에 있다.

컨트리클럽과 화전 방식이라는 이 두 가지 접근법은 서로 상반되는 것이 아니다. 컨트리클럽을 만드는 것으로 시작했다가, 그것이 정글처럼 변하면 화전 방식으로 모두 내쫓아 버릴 수 있다. 이 때 유일한 위험은 컨트리클럽과 같은 안락한 삶에 익숙해지면, '회원들'을 과감히 내치고 가격과 비용을 사정없이 깎아 시장 점유율을 다시 회복하려는, 그런 의지를 가지기가 어렵다는 것이다.

와일 E. 코요테의 순간

무엇을 하든, 사라져가는 독점으로 인해 와일 E. 코요테(Wile E. Coyote)*의 순간에 빠져들어서는 절대 안 된다.

「루니툰즈(Looney Tunes)」에피소드에 이런 장면이 나온다. 와일 E. 코요테가 평범한 산길을 따라 로드러너**를 쫓고 있다. 둘 다 마치 제트기 프로펠러를 단 것처럼 사납게 먼지를 일으킨다. 그러다 급커브 길에서 갑자기 로드러너가 도로 마찰음을 내면서 정지했는데, 로드러너를 쫓던 코요테는 멈추지 못하고 절벽 끝으로 달려간다. 잠시 동안은 그의 다리가 맹렬하게 움직이면서 기적처럼 공중에 뜬다. 하지만 코요테는 곧 밑을 내려다보고 자신이 어떤 상황에 처했는지 깨닫고, 힘없이 절망감의 한숨을 내쉬며 까마득한 절벽 아래로 추락한다.

---

* 워너 브라더스의 애니메이션에 등장하는 사막 코요테를 말한다. _옮긴이
** 같은 애니메이션의 캐릭터로 와일 E. 코요테가 잡아먹으려는 뻐꾸깃과의 새를 말한다. _옮긴이

1985년, GM은 모든 와일 E. 코요테 순간의 모태가 되는 상황을 겪었다. 한때 자동차 시장의 독보적인 존재였던 이 회사는 1960년대 후반부터 품질과 신뢰가 끝없는 추락을 거듭했다. 그런 상황임에도 발견된 문제점들에 대해서는 강력하게 부정하는 입장만 고수했다.

제2차 석유 파동 당시, 일본이 대형 세단 시장으로 진입하던 시기에 GM의 시장 점유율은 2년 만에 10%p나 떨어졌다. 무려 차량 100만 대에 해당하는 수치다. 당시 CEO 로저 스미스(Roger Smith)가 자신과 회사가 모두 와일 E. 코요테처럼 공중에서 발을 구르고 있으며, 그것도 15년 넘게 그러고 있었다는 사실을 불현듯 깨달았을 때 그의 표정이 얼마나 충격적이었을지 상상해보라.

독점의 사멸은 마치 하나의 제국이 몰락하는 것처럼 종종 피할 수 없는 일이다. 어떤 면에서 이런 일은 비즈니스의 진화에 핵심적이라는 사실을 역사가 알려준다.

경영자들이 이런 불가피한 상황에 대해 책임을 지는 것이 부당해 보일 수도 있다. 그러나 경영자들은 자신들의 독점이 사라져가는 것을 깨닫고 새로운 경쟁 현실에 적응할 때임을 인지하지 못한 데 대해서는 책임을 져야 한다.

영원한 독점은 없다. 개방 시장을 맞이할 준비를 하라.

끝맺는 글

내일의 독점

이제 신경쟁이 독점력의 성질을 혁명적으로 바꿔놓은 방법에 대해 설명하며 이 책을 끝맺고자 한다.

우리가 보아왔듯, 신경쟁의 출현은 일련의 강력하고 서로 맞물리는 변화를 가져온다. 이 변화들은 단독으로, 혹은 복합적으로 작용해서 비즈니스 환경을 크게 바꾸고 있다.

첫째, 고객들이 변하고 있다. 미 서부의 고객들은 나이가 들어가고 있는 반면, 동부의 고객들은 젊은 편이다. 밀워키의 리치 (Richie)와 폰지(Fonzie)*는 더 이상 십 대가 아니다. 이들은 할아버지 할머니가 되어 현재 로스엔젤레스에 살고 있다. 고객들은 아는

263

것이 더 많아졌고, 더 까다로워졌으며, 더 개인주의화되었다. 과거 그들의 부모나 조부모보다 브랜드나 기업에 대한 충성도가 훨씬 낮다. 간단히 말해서, 단 하나의 거대 시장이란 것은 물거품처럼 사라졌다. 이제 그 자리에 수많은 부문의 시장이 들어섰고, 각자 다른 필요 사항, 각자 다른 구매 방법, 각자 다른 이상과 역할 모델, 각자 다른 취향으로 자리 잡아가고 있다.

둘째, 그 어느 때보다 여러 방면의 기술에 대해 많이 아는 사람들이 늘어나고 있다. 인터넷과 다른 글로벌 미디어 덕에 여러 사람들이 거의 동시에 새로운 제품과 서비스를 알게 된다. 즉, 베이징과 방갈로르에 있는 소비자들이 토론토와 도쿄에 있는 소비자들과 같은 시기에 동일한 제품과 서비스를 원한다는 의미이다. 그들은 부모나 조부모 세대와는 다르게 조금이라도 구형인 것은 멀리하고 가장 최신의 것, 가장 좋은 것을 원한다.

셋째, 기술의 가용성이 널리 퍼졌다. 베이징과 방갈로르에 있는 사람들이 로체스터, 요코하마, 서울, 대만에 있는 사람들보다 최신 제품을 자신들만의 버전으로 더 빠르게, 좋게, 값싸게 만들 수 있다. 그 기술 소유주의 허가 여부와는 무관하게 말이다! 인터넷과 전자상거래 덕에 기술 베끼기는 그 어느 때보다 쉬워졌고 더 빠르

게 일어나며 더 많은 수익을 가져다준다.

넷째, 월마트, 홈디포, 베스트바이 등과 같은 대규모 할인매장, 아마존과 이베이와 같은 전자상거래 업체, 까르푸(Carrefour)와 같은 하이퍼마켓이 미국과 유럽 소비자 시장 대부분을 그 어느 때보다 많이 장악하고 있다. 이런 힘을 이용해 이들은 한때 고급 브랜드였던 업체와 거래할 때도 가격을 쥐어짜며, 자체 상품 라벨까지 구축해가고 있기에 브랜드와 제품 독점은 사라지고 있다. 오늘날 비즈니스계의 '슈퍼갑'이나 다름없는 유통망 독점자들의 힘이 커지면서 소비자 마케팅 성격이 근본적으로 변화하고 있다.

무엇보다 이런 변화들은 전반적으로 산업계가 과다한 생산을 할 때마다 발생한다. 자동차부터 주방 가전, 철강, 통신까지 사실상 모든 산업에서 수요량에 비해 너무 생산량이 많아 골머리를 앓고 있다. 더 안 좋은 점은 이런 과잉 생산 현상이 상당 기간 지속되리라는 사실이다.

이런 과잉 생산은 브랜드 파워, 생산 디자인 및 특징, 특유의 기술을 바탕으로 구축된 자산 기반 독점에 문제를 일으킨다. 너무 많은 생산으로 인해 기업들은 고가 정책을 펼칠 수 없게 되고, 결과적으로 예전처럼 독점 자산에서 나오는 수익을 창출하지 못한다.

따라서 신경쟁 시대에서는 독점의 네 가지 전형적인 원천인 천연자원, 규제, 담합, 특허 기술이 빠르게 그 효력을 잃어가고 있다.

이미 말했듯, 대다수의 천연자원 독점은 오래전에 사라졌다. 각국 정부는 규제받는 새로운 독점을 만드는 것이 아니라 규제를 풀어 버리고 있다. 담합은 사실상 불가능하며 불법이기도 하다. 특허 기술은 유출되거나, 남이 베껴가고, 혹은 보다 더 새로운 기술로 빠르게 대체되고 있는 실정이다. 신경쟁이 예전 독점에서 나오는 수익을 가차 없이 축소하고 있다.

신경쟁이 예전 독점을 파괴하고 있기는 하지만, 동시에 새로운 독점도 만들어내고 있다. 오늘날처럼 빠르고 예측 불가능한 변화로 인해 독점 만화경이 그 어느 때보다 더 자주, 더 빠르게 도는 시대에는 대부분의 독점이 당연히 상황적 독점이 될 것이다.

또한 과잉 생산으로 인해 과거의 자산 기반 독점은 잠식되고 있지만, 신생 기업들이 상황적 독점을 이용하기는 더 쉬워진다. 컴퓨터 시장에서만 활동했던 델은 통신 장비와 소비자 전자기기 시장으로 성공적인 뛰어넘기를 할 수 있었다. 이렇게 된 데는, 공급업체들이 공장을 놀리지 않고 생산을 계속하려고 필사적인 상황이 어느 정도 작용했다. 소매점을 위한 공간이 넘쳐났던 관계로 스타벅스는 자신들이 원하는 거리와 골목 어디에나 자리를 잡을 수 있었다. 사우스웨스트, 제트블루, 이지제트(easyJet), 라이언에어(Ryanair)와 같은 신생 저가 항공사들은 남아도는 항공기들을 모두 사들여 자신들이 원하는 방향과 가격으로 항공 서비스를 제공할 기회를 잡을 수 있었다.

그러면 내일의 독점은 어디서 찾을 수 있을까? 내게 정확한 로드맵이 있다면 이 책의 가격은 당연히 1000배쯤 비싸져야 할 것이다. 미래는 예측이 불가능하기에, 내일의 독점 영역이 무엇인지 예측할 수도 없다. 다만, 그 어느 때보다 독점 만화경이 빠르게 돌면서 생겨나는 상황적 독점을 잘 활용하는 기업들이 내일의 승자가 되리라는 사실은 알 수 있다. 현재의 시장, 사업 설계, 전략 계획에서 다음 단계로 가장 빠르게 도약할 준비가 된 기업들 말이다.

꾸준히 변화가 일어나는 세상에서 최악의 실수는 바로 그 자리에 머물러 있는 것이다.

바버라 리프킨드(Barbara Rifkind), 헬렌 리스(Helen Rees), 존 마흐니(John Mahaney), 샘 힐(Sam Hill), 칼 웨버(Karl Weber), 블레어 레레(Blair Lele)에게 먼저 감사의 말씀을 드립니다. 이분들의 도움이 없었다면 이 책을 내지 못했을 겁니다.

바버라와 헬렌은 제 아이디어의 가능성을 알아보고, 약 4년간 함께 일하면서 그 아이디어를 잘 담은 이 책이 출간되도록 도와주었습니다.

이전에 출간했던 책 편집에도 참여했던 존 마흐니 또한 어려운 순간에서도 제가 최선을 다할 수 있도록 끊임없이 격려해주었고 저에 대한 신뢰를 지켜주었습니다.

샘 힐은 여러 가지 면으로 이 책 출간의 숨은 공로자이자 핵심 인물입니다. 사실 "샘이 없었으면 이 책도 없었다"라고 해도 과언이 아닐 정도입니다. 샘은 제가 정의 내린 독점과 그 독점 법칙의 내용이 일관되도록 해줬습니다. 중요한 순간에도 제가 끝까지 버틸 수 있도록 자극제가 되어주었는데, 그때 이렇게 말했던 것이 기억납니다. "책을 쓸 게 아니면 집에 페인트 칠이나 해!" 그게 효과가 있었죠. 정말 고맙네, 샘. 자네는 진정한 친구이자 최고의 조력자야.

칼 웨버는 중요한 순간에 등장해 원고 마감을 준비하고 조율하면서 탈고할 수 있도록 도와줬습니다.

제 아내 블레어는 잘 고마워하지도 않는 저자이자 남편인 저를 위해 원고를 여러 번 읽으며 편집 작업을 해준 여걸입니다. 작가들은 가족들을 가혹한 시험에 들게 합니다. 관심을 기울이거나, 아니면 아무 생각 없이 다른 일을 할 수도 있는 그런 때에 말이죠. 그럼에도 블레어는 제가 이 일을 완수할 수 있도록 도와줬습니다.

그 외 여러 친절한 분들이 이 책을 읽고 아이디어에 대해 검증하며 토론을 하거나 여러 일화를 들려주는 등 시간을 내서 자신들의 생각을 공유해줬습니다.

- 잭 굴드(Jack Gould)는 시카고대 경영대학원(GSB) 학장 출신으로, 독점은 상당 부분 합법적이라는 점과 이 책에 담긴 제 아이디어가 옳다는 점을 확인해 주었습니다.
- 알 버클리(Al Berkeley), 브라이언 피셔(Brian Fischer), 켄 해리스(Ken Harris), 나게쉬 마트레(Nagesh Mhatre), 피터 로저스(Peter Rogers)는 자신들의 아이디어와 일화를 알려주며 저를 격려해 주었습니다.
- 빌 스토웰(Bill Stowell)과 짐 샤프(Jim Sharp)는 감사하게도 이 책에 자신들의 이름을 가져다 쓸 수 있도록 해주었습니다.
- 마이크 메일파키스(Mike Malefakis)와 스티브 라시비타(Steve LaCivita)는 시카고대 경영대학원 교육 행정관으로, 이 책을 집필하는 초창기부터 꾸준히 지원을 아끼지 않았습니다. 전 세계를 다니며 참가했던 세미나에서 나온 다양한 아이디어를 확인해볼 수 있도록 해주었습니다.
- 시카고대 경영대학원 경영자 양성 프로그램의 참가자분들, 특히 롭 브루인스마(Rob Bruinsma), 팀 파울러(Tim Fowler), 조지 라벨(George Labelle), 밥 노어(Bob Knorr), 크리스토퍼 스테인(Christopher Steane), 롭 테코(Rob Tecco), 스콧 터너(Scott Turner)는 의견 교환을 하거나 평론을 써주었습니다.
- 제 동료인 딘 정(Dean Chung), 제이 터윌리거(Jay Terwilliger),

마크 세벨(Mark Sebell)은 경영자들이 새로 부상하는 독점을 발견하는 방법에 대해 생각해볼 수 있도록 도와주었습니다.

모두에게 감사드립니다.

ㄹ

ㅁ

ㅎ

그 외

독점의 기술
Monopoly Rules

초판 1쇄 발행 2022년 2월 25일
초판 3쇄 발행 2024년 2월 2일

지은이 밀렌드 M. 레레(Milind M. Lele)
옮긴이 오기영
펴낸이 김동환, 김선준

편집이사 서선행
책임편집 최한솔 **편집3팀** 최구영, 오시정
마케팅 권두리, 이진규, 신동빈
홍보 조아란, 장태수, 이은정, 권희, 유준상, 박미정, 박지훈
디자인 김혜림 **경영지원** 송현주, 권송이
외주 교정교열 유지현

펴낸곳 페이지2북스 **출판등록** 2019년 4월 25일 제 2019-000129호
주소 서울시 영등포구 여의대로 108 파크원타워1, 28층
전화 070) 7730-5880 **팩스** 070) 4170-4865
이메일 page2books@naver.com
종이 (주)월드페이퍼 **인쇄** 더블비 **제본** 책공감

ISBN 979-11-90977-57-9 (03320)